# Achtsamkeit in Beruf und Alltag

Svea von Hehn
Arist von Hehn

2. Auflage



HAUFE.

# Inhalt

**Warum es so wichtig ist, achtsam zu sein** 5
- Unachtsamkeit macht nicht glücklich 6
- Warum wir unachtsam sind 14
- Haltungen, die uns unachtsam werden lassen 16
- Zu welcher Haltung tendieren Sie? 23

**Der Weg zur Achtsamkeit** 29
- Achtsamkeit schlummert in jedem von uns 30
- Achtsamkeit früher und heute 32
- Warum sich Achtsamkeit nachweislich lohnt 36
- Was Achtsamkeitstechniken in uns bewirken 38
- Einstellungen, die Achtsamkeit fördern 44

**Achtsamer mit sich selbst umgehen: Übungen** 49
- Alles eine Frage des Trainings 50
- Die Meditationsgrundhaltung 51
- Gedanken, Gefühle, Körper bewusster wahrnehmen 54
- Unachtsame Haltungen ändern 72

**Achtsamer Umgang mit anderen: Übungen** 87

- Vier Haltungen für bessere Interaktionen mit anderen 88
- Haltung 1: Wertschätzung 91
- Haltung 2: Mitgefühl 98
- Haltung 3: (Mit )Freude 105
- Haltung 4: Gelassenheit 109

**Dauerhaft und nachhaltig achtsam leben** 115

- Wie Sie Achtsamkeit in Ihren Alltag integrieren 116
- Mehr Achtsamkeit im Unternehmen 119
- Ausblick 121
- Literatur 122

- Stichwortverzeichnis 124

# Vorwort

Mehr Zufriedenheit, bessere Führungsfähigkeiten, innere Stärke, stabilere Gesundheit, Stärkung der Konzentration oder einfach das Erleben von Stille – zunehmend mehr Menschen wenden sich aus unterschiedlichen Gründen dem Thema Achtsamkeit zu. Dabei ist Achtsamkeit weit mehr als nur ein Trend, sondern seit Jahrtausenden in fast allen Weltanschauungen dieser Welt fest verankert.

Frei von religiösen Anschauungen erfahren Sie in diesem TaschenGuide etwas über die Ursprünge und modernen Forschungsergebnisse rund um Achtsamkeit. Sie lernen, warum es sich lohnt, sich selbst und anderen achtsam zu begegnen. In einem ausführlichen Trainingsteil stellen wir Ihnen viele einfach umsetzbare Techniken vor, mit denen Sie Achtsamkeit üben und in Ihren Beruf und Alltag einfließen lassen können.

Ist Ihnen das Üben von Achtsamkeit neu, dann sei an dieser Stelle gesagt, dass man dabei nichts falsch machen kann – und dass es auch nicht darum geht, etwas besonders richtig zu machen.

Viel Freude und wertvolle Erkenntnisse bei der Lektüre wünschen Ihnen

*Svea von Hehn und Arist von Hehn*

Schreiben Sie uns gerne, um von Ihren Erfahrungen zu berichten an: Achtsamkeit@mindfulinberlin.de

# Warum es so wichtig ist, achtsam zu sein

Viele Menschen würden gerne den Moment bewusster genießen und im Hier und Jetzt präsent sein können. Stattdessen hetzen wir von Termin zu Termin, sind mit unseren Gedanken schon beim nächsten Schritt oder verweilen bei längst Vergangenem. Dabei merken wir nicht, wie unser Leben an uns vorbeifließt. Doch warum ist das so?

In diesem Kapitel erfahren Sie u. a.,

- warum es uns so schwerfällt, ganz bewusst im Hier und Jetzt zu sein,
- warum Unachtsamkeit uns nicht glücklich macht,
- welche Haltungen uns daran hindern, achtsam zu sein.

## Unachtsamkeit macht nicht glücklich

Wir Menschen sind häufig nicht im Hier und Jetzt. Stattdessen machen wir mehrere Dinge gleichzeitig oder springen gedanklich zwischen verschiedenen Themen hin und her. Wir befinden uns also im Multitasking- oder Multi-Thinking-Modus.

**BEISPIEL**

Sicherlich kennen Sie vergleichbare Situationen aus Ihrem Alltag:

Sie sitzen am Frühstückstisch und essen, sind mit den Gedanken aber schon bei der Arbeit und merken nicht, wie der Kaffee oder Tee schmeckt. Sie genießen das Frühstück nicht, sondern schlingen es herunter.

In traumhafter Umgebung an Ihrem ersten Urlaubstag sind Sie mit den Gedanken immer noch bei all den beruflichen Dingen, die Sie vor Ihrer Abreise nicht mehr erledigen konnten.

Während eines Telefonats, z. B. mit dem Schwiegervater, checken Sie Ihre E-Mails oder surfen im Internet.

Unachtsamkeit ist ein Normalzustand. Eine Studie an der Harvard Universität aus dem Jahr 2010 ergab, dass wir Menschen fast 50 Prozent unserer wachen Zeit unseren Geist wandern lassen (Killingsworth & Gilbert, 2010). Wir sind dann nicht achtsam in der Gegenwart, sondern mit unseren Gedanken woanders. Das ist schade, denn die Vergangenheit ist bereits abgelaufen, und die Zukunft steht uns erst bevor. Allein das »Jetzt« steht uns immer wieder neu zur Verfügung.

## Unser Geist macht, was er will

Der menschliche Geist mit seinen Denkgewohnheiten ist vergleichbar mit einem jungen undisziplinierten Hund, der unkontrolliert durch die Welt streift und sich für alles Mögliche interessiert. Er springt von Ding zu Ding und schnuppert kurz daran, um sich gleich darauf etwas anderem zuzuwenden. Auch der menschliche Geist macht, was er will. Mit Achtsamkeitstechniken legen wir ihn quasi an die Leine und lernen so, bewusster mit unserer Aufmerksamkeit umzugehen. Dies hat weitreichende positive Folgen, wie wir aufzeigen werden.

Nun ist das Wandern unseres Geistes per se nicht immer etwas Ungutes. Es kann auch Kreativität fördern und positive Gefühle wecken, wenn wir z.B. aus dem Fenster schauend träumen. Interessanterweise zeigten die Harvard-Forscher in der oben erwähnten Studie aber, dass wir umso glücklicher sind, je präsenter wir sind. Zudem ergab die Studie: Die Menschen sind selbst beim Denken von schönen Dingen nicht glücklicher, als wenn sie präsent im Hier und Jetzt wären.

Wenn Gedanken wiederholt um die gleichen Dinge kreisen oder sich mit Sorgen beschäftigen, können diese zur konkreten Realität werden. Diese setzt sich in unserem Gehirn buchstäblich durch Bildung entsprechender neuronaler Verbindungen fest und hat sogar die Kraft, Lebensqualität und Gesundheit einzuschränken. Das deutet darauf hin, dass Unachtsamkeit nicht gut für uns ist. Mehr zu den gesundheitlichen Effekten im Kapitel »Warum sich Achtsamkeit nachweislich lohnt«.

## Wie unsere Gedanken wandern

Unsere Denkgewohnheiten veranlassen unseren Geist, wie im Autopilot von selbst auf Wanderschaft zu gehen.

**BEISPIEL**

Wir lesen einen Text, so z. B. ein Protokoll, und hören ein Geräusch von draußen, das unsere Aufmerksamkeit auf sich zieht. Wir denken dann: »Das klingt wie ein Blumentopf, der gerade in Scherben geht. Das erinnert mich daran, dass bald Frühling ist und ich noch die Kräuter einpflanzen wollte. Besonders der Salbei sollte bald raus. Tante Frieda mag Salbei so gerne. Ich habe sie lange nicht mehr angerufen, vielleicht sollte ich das heute nach dem Joggen machen. Was ziehe ich eigentlich zum Joggen an?«

Diese Reihe von Gedanken lässt sich beliebig lange fortsetzen. Bis unser Bewusstsein einsetzt und sagt: »Ich wollte dieses Protokoll lesen und sollte meine Aufmerksamkeit auf die Zeilen lenken«. Dieser Augenblick, in dem wir den wandernden Geist zurückholen, ist ein achtsamer Moment.

Wo aber sind wir, wenn unsere Gedanken (ab)schweifen? Wir sind grüblerisch oder hoffnungsvoll, nur nicht im Hier und Jetzt. Man kann dies drei Kategorien zuordnen:

1. Wir sind mit Dingen beschäftigt, die wir haben wollen – also mit unserem **Verlangen** nach etwas.
2. Oder wir beschäftigen uns mit Dingen, die wir nicht haben wollen – also der **Ablehnung von etwas**.
3. Auch haben wir die Tendenz, das zu **ignorieren**, sprich nicht bewusst wahrzunehmen, was gerade vor uns ist, und in dem Sinne **unwissend** zu sein.

Diese drei Angewohnheiten nennen wir im Folgenden die »unachtsamen Haltungen«, da sie uns daran hindern, achtsam und im Hier und Jetzt zu sein (Thich Nhat Hanh, 1999; 2003), wie das folgende Beispiel zeigt.

**BEISPIEL**

Johann liebt die guten Seiten des Lebens. So sehr, dass er, während er etwas tut, ständig daran denkt, was er gerade lieber tun würde. Das hält ihn davon ab, die guten Seiten im Jetzt zu genießen. Wenn er in seinem schicken Büro sitzt, denkt er verträumt an die nächste Golfpartie; wenn er dann endlich auf dem Golfplatz steht, träumt er davon, seine schöne Freundin auf ein Glas guten Weines zu treffen. Und wenn er dann seine Freundin endlich trifft, denkt er an seine Arbeit im Büro.

Sie ahnen es schon: Wer unachtsam in Vorstellungen weilt, kann den Augenblick nicht genießen, so schön er auch sein mag. Womit wir uns der Antwort auf die Frage nähern, warum es so wichtig ist, achtsam zu sein.

## Was Achtsamkeit mit Zufriedenheit und Glück zu tun hat

Wir sind umso glücklicher, je weniger wir in Vorstellungen weilen, also erwarten – nicht nur, weil Erwartungen enttäuscht werden können, sondern auch, weil wir den gegenwärtigen Moment verpassen, wenn die Gedanken mit ihnen beschäftigt sind, weil sie die Realität quasi überlagern. Erwartungen reduzieren damit das Zufriedenheitspotenzial, das der aktuelle Moment für uns bereithält. Drastisch gesagt, verpassen die meisten Menschen Augenblick um Augenblick und verschütten die Momente mit Gedanken, die sie – zumeist – nicht zufrieden machen.

**BEISPIEL**

Unsere Tante Christa war am frühen Nachmittag einkaufen. An der Kasse schaute eine Verkäuferin auf die Uhr und sagte, dass sie sich wünsche, dass endlich Feierabend sei. Daraufhin unsere Tante: »Sehen Sie, so wünschen Sie sich Stück für Stück Ihr Leben vorbei«.

Man könnte sagen, dass wir tausend Fäden in den Händen halten, aber kein Garn daraus spinnen, wenn wir nicht im Hier und Jetzt sind. Für die Beispiele vom Anfang dieses Kapitels heißt das, dass wir unser Frühstück nicht genießen und vielleicht sogar schlecht verdauen; den Erholungswert im Urlaub reduzieren; unserem Partner nicht mehr berichten können, was der Schwiegervater wollte. Zudem verlegen wir viel häufiger Wichtiges wie Schlüssel, wenn wir nicht präsent sind, und lassen Dinge eher fallen oder stoßen uns.

Manche Menschen mögen jetzt sagen, dass sie doch gerne mit Planungen beschäftigt sind. Sie lieben es, Geburtstage oder Hochzeiten zu organisieren. Zudem können sie sich gar nicht vorstellen, wie ein Leben ohne Planung aussähe. Damit wir uns nicht falsch verstehen: Es geht nicht darum, sämtliche Ambitionen aufzugeben, also gleichsam zur »Kartoffel« zu werden. Natürlich ist es gut, Ziele zu haben. Gleichzeitig sollte man jedoch die Tätigkeit, die der Zielerreichung dient, nicht vom Ziel dominieren lassen, sondern in dem Moment der Tätigkeit voll präsent sein und die Tätigkeit um ihrer selbst Willen tun, also achtsam im Hier und Jetzt sein.

**BEISPIEL**

Ich nehme mir vor, mein Arbeitszimmer aufzuräumen, um wieder Ordnung in meine Akten zu bringen und mehr Übersicht über meine Aufgaben zu bekommen. Dieses Ziel bewegt mich dazu aufzuräumen. In dem Moment, in dem ich aufräume, bin ich jedoch mit meinen Gedanken bei jedem Handgriff dieser Tätigkeit und nicht bereits in der Erwartung, in wenigen Minuten den gewünschten Zustand erreicht zu haben.

Die folgende einfache Formel bringt es auf den Punkt:

Glück = Realität – Erwartungen

Die Art von Glück in der Formel kann auch als »Zufriedenheit« verstanden werden. Der Dalai Lama – der viele der in diesem Buch vorgestellten Achtsamkeitspraktiken lehrt – betont: »Das Ziel des Lebens ist Zufriedenheit. Zufriedenheit hängt stärker von der Verfassung des eigenen Geistes ab als von externen Bedingungen, Umständen oder Ereignissen – solange die Basisbedürfnisse zum Überleben vorhanden sind. Zufriedenheit kann durch das systematische Training unserer Herzen und des Geistes erreicht werden, durch die Neuausrichtung unserer Haltungen und Sichtweisen. Der Schlüssel zur Zufriedenheit liegt in unseren Händen.«

## Wie steht es um Ihre Achtsamkeit?

Mit der folgenden Selbstbeobachtung, die aus vier Aufgaben besteht, können Sie für sich reflektieren, wie leicht es Ihnen fällt, sich auf das Gegenwärtige zu konzentrieren.

| Reflexion: Wie gut können Sie präsent sein? | |
|---|---|
| **Aufgabe 1** | Nehmen Sie sich einen Moment und tun Sie nichts, außer die Umgebung bewusst wahrzunehmen. Verweilen Sie ein, zwei Minuten und schauen Sie aufmerksam umher. Es hilft, hier einen Blick einzunehmen, als wären Sie zum ersten Mal zu Besuch und betrachteten die Umgebung zum ersten Mal – wie ein Tourist, der einen neuen Ort besucht. |
| Woran Sie merken, dass Sie in diesem Moment präsent sein können: Sie haben viele Details wahrgenommen, die Ihnen sonst nicht auffallen, z. B. die Farbe eines Möbelstücks oder des Fensterrahmens; Ihnen ist es gelungen, sich ein, zwei Minuten auf das Innehalten einzulassen ohne abzuschweifen. | |
| **Aufgabe 2** | Reflektieren Sie für wenige Minuten, welche Dinge Sie in den letzten 24 Stunden gegessen und getrunken haben. Was war es und wie hat es geschmeckt? Was davon haben Sie aufmerksam gegessen, ohne etwas anderes gleichzeitig zu tun, etwa mit anderen zu sprechen, zu lesen oder dabei E-Mails zu schreiben? |
| Woran Sie merken, dass Sie gut präsent sein können: Sie essen normalerweise recht bewusst, vermeiden andere Tätigkeiten während des Essens und konnten sich daher leicht daran erinnern. | |
| **Aufgabe 3** | Reflektieren Sie zwei Minuten, wie häufig Sie in Gedanken in der **Zukunft** sind – was Sie noch zu tun haben, was als Nächstes ansteht. Oder wie häufig Sie gedanklich in der **Vergangenheit** sind, z. B., wie Sie etwas bewerten, was jemand getan oder nicht getan hat, warum Sie selbst bestimmte Sachen gemacht haben. Wie oft sorgen Sie sich und versuchen sich zu überlegen, was Sie tun können, damit **etwas für Sie Schlechtes** nicht passiert oder **etwas für Sie Wünschenswertes** eintritt? |
| Woran Sie merken, dass Sie gut präsent sein können: Vielleicht konnten Sie feststellen, dass Sie bereits versuchen, nicht zu häufig in der Vergangenheit oder der Zukunft zu verweilen, sondern Ihre Gedanken auf die Gegenwart zu richten. | |

**Reflexion: Wie gut können Sie präsent sein?**

| | |
|---|---|
| **Aufgabe 4** | Setzen Sie sich aufrecht hin, schließen Sie die Augen und richten Sie Ihren Fokus auf Ihren Atem. Nehmen Sie sich drei Minuten Zeit und versuchen Sie, sich ausschließlich auf den Atem zu konzentrieren, ohne mit den Gedanken abzuschweifen. Stellen Sie dafür einen Wecker. Wenn ein Gedanke kommt – z. B. dass es langweilig ist, einfach nur den Atem zu beobachten – machen Sie sich klar, dass es nur ein Gedanke ist, den Sie loslassen können, ohne weiter nach-zu-denken. Konzentrieren Sie sich weiter auf den Atem, ohne dass Sie dem vorbeiziehenden Gedanken Bedeutung schenken. |

Woran Sie merken, dass Sie gut präsent sein können: Die Zeitspanne zwischen dem gedanklichen Abschweifen vom Atem und der Wahrnehmung, dass Sie abgeschweift sind, würden Sie als relativ kurz bezeichnen. Sie konnten Ihre Konzentration ganz gut wieder auf den Atem zurückbringen, wenngleich die Gedanken nach einigen Momenten wieder abschweiften. Sie konnten beobachten, dass die Gedanken ohne Ihr Zutun kommen und gehen.

Machen Sie sich keine Sorgen, wenn Sie aufgrund dieser Reflexion feststellen, dass Ihre Achtsamkeit ausbaufähig ist. Das geht uns allen so und ist ganz normal: Unser »Autopilot« funktioniert typischerweise ganz von selbst, und unsere Gedanken gehen ohne unser Zutun auf Wanderschaft. Der gegenwärtige Augenblick ist unserem Verstand meist nicht wichtig, zumindest nicht, solange keine als relevant empfundenen neuen Informationen verfügbar sind. Das Gute ist: Wir können unsere Achtsamkeit mit recht einfachen Techniken schulen (siehe hierzu das Kapitel »Alles eine Frage des Trainings«).

# Warum wir unachtsam sind

Theoretisch klingt es einfach, präsent zu sein. Auch die Achtsamkeitstechniken sind einfach zu erlernen und durchzuführen. Was ist dann der Grund, warum die meisten Menschen im Normalzustand eher unachtsam sind und sich Achtsamkeit bewusst vornehmen und üben müssen?

Die drei im Kapitel »Wie unsere Gedanken wandern« genannten unachtsamen Haltungen Ablehnung, Verlangen und Ignoranz/ Unwissenheit erschweren, dass wir achtsam sind. Sie werden auch Geistesgifte genannt (Thich Nhat Hanh, 1999; 2003). Woher kommt es aber, dass wir diese Haltungen an den Tag legen? Es gibt dafür verschiedene Erklärungsmöglichkeiten.

## Kulturelle Einflüsse

Zum einen resultiert Unachtsamkeit aus der Kultur, in der wir leben. In unserem schnelllebigen Alltag gibt es seltener Situationen, in denen Achtsamkeit kultiviert wird, und häufiger Situationen, in denen wir Dinge gleichzeitig tun und andere im Multitasking erleben.

**BEISPIEL**

In der Bahn sind die meisten Menschen mit Smartphones beschäftigt, Kaffee wird auf dem Weg nach draußen getrunken. Rituale wie ein gemeinsames Abendessen, bei dem die Familie beisammen sitzt und sich die Zeit nehmen kann, aufmerksam zuzuhören, sind oftmals ersetzt worden durch schnelle Essen.

Zudem glauben viele Menschen an den Mythos, dass man effektiver sein kann, wenn man mehrere Dinge gleichzeitig tut. Hohe Informations- und Aufgabendichte verleiten viele Menschen dazu, Dinge parallel ausführen zu wollen, z. B. während eines Telefonats gleichzeitig Text und E-Mails checken, aufs Telefon schauen, während man im Gespräch ist.

## Hirnforschung und Evolutionsbiologie

Andere Erklärungsmöglichkeiten sind die Evolutionsgeschichte sowie die Ergebnisse moderner Hirnforschung. Stark vereinfacht kann man diese Ergebnisse so zusammenfassen: Unsere Unachtsamkeit ist die Folge von Verhaltensweisen, die uns als Spezies einmal einen Überlebensvorteil verschafft haben (Hanson, 2009). Unser Gehirn hat im Laufe der Evolution die Fähigkeit erlangt, unser Verhalten und unsere Umgebung zu simulieren, und damit die Fähigkeit zu planen, nachzudenken und zu lernen. Wir können also, anders als Tiere, über die Vergangenheit und die Zukunft nachdenken.

- Wir Menschen nutzen diese Fähigkeit zum einen dazu, die **Zukunft** zu simulieren und entsprechende Vorkehrungen zu treffen. Das versetzte unsere Vorfahren z. B. in die Lage, möglichst viel Nahrung für schlechtere Zeiten zur Seite zu schaffen. Damit konnten sie in Notzeiten überleben – der erste Vorteil.
- Zum anderen können wir die **Vergangenheit** reflektieren, also aus vergangenen Fehlern lernen, um sie künftig möglichst zu vermeiden. Wir können sogar aus Fehlern anderer

lernen, die wir beobachten. Die Spezies Mensch lernte so z. B., verdorbenes Essen, gefährliche Orte oder Tiere zu meiden – der nächste Überlebensvorteil.

Diese Überlebensvorteile unserer Spezies erklären, warum wir unter Autopilot so gerne in der Vergangenheit oder Zukunft sind bzw. in der Ablehnung oder im Verlangen (Hanson, 2009). Aus den früheren Überlebensvorteilen sind Angewohnheiten entstanden, die sich in vielen Verhaltensweisen äußern, wie z. B. sich Sorgen zu machen, an Fehler zu denken oder maßlos nach Dingen zu verlangen, obwohl diese Haltungen für die meisten von uns nicht mehr überlebensnotwendig sind. Sie sollen sich natürlich auch weiterhin Gedanken um die Zukunft machen oder aus der Vergangenheit lernen. Sie sollen sich nur bewusst machen, wenn Sie in fortwährenden Gedankenschleifen »festhängen«.

## Haltungen, die uns unachtsam werden lassen

Ablehnung, Verlangen und Ignoranz sind unachtsame Haltungen, die uns Menschen mehr oder weniger ausgeprägt innewohnen. Sie reduzieren unsere Fähigkeit, den gegenwärtigen Augenblick zu erleben und achtsam bzw. zufrieden zu sein, indem sie uns dazu verführen, vom gegenwärtigen Moment abzuschweifen und in unseren Vorstellungen zu sein – bei dem, was wir wollen oder nicht wollen. Sie besser kennenzulernen und ihnen auf den Grund zu kommen, ist ein Schritt in Richtung Achtsamkeit.

## Haltung Nr. 1: Ablehnung

Ereignisse im Leben, die wir selbst als negativ bewerten, wehren oder lehnen wir ab. Die Ablehnung kann sich in Gedanken wie: »Das darf auf keinen Fall passieren!«, oder: »Das darf so nicht sein!« manifestieren. Wir haben die Tendenz, das Ungewollte stärker wahrzunehmen als die guten Dinge, die uns umgeben, obwohl uns wahrscheinlich mehr positive Dinge im Leben passieren als negative.

> Unser Gehirn ist vergleichbar mit Teflon für positive Dinge, die an uns abperlen, und wie Klettverschluss für negative Dinge, die wir sofort speichern. (Hanson, 2009)

Man kann diese Tendenz sogar in Zahlen ausdrücken: Negativ empfundene Erlebnisse, wie z. B. eine Zurückweisung oder Unverständnis durch den Vorgesetzten oder Kollegen, haben einen fünfmal stärkeren Effekt auf die Stimmung als positive Ereignisse (Miner, Glomb & Hulin, 2005). In Beziehungen müssen wir fünf Mal so viele positive Interaktionen (z. B. dem anderen einen Gefallen tun, Lob aussprechen etc.) zeigen, um den Effekt eines negativen Ereignisses (z. B. Zurückweisung) gut zu machen (Gottmann, 1995).

Menschen zeigen auch die Tendenz nachzudenken über Vorkehrungen, um Verlust zu vermeiden. Sie leiden mehr unter einem Verlust und versuchen diesen stärker zu vermeiden, als sie Positives aus einem vergleichbaren Gewinn ziehen würden (Baumeister et al, 2001).

Der Hang zum Negativen lässt sich evolutionsgeschichtlich erklären: Wollten unsere Vorfahren in der Wildnis überleben, war es für sie ein klarer Vorteil und sogar oft lebensrettend, in bestimmten Situationen negativ zu denken, wie das folgende Beispiel zeigt.

**BEISPIEL**

Stellen Sie sich vor, Sie gehen durch einen Wald und es raschelt vor Ihnen. Sie können nun zwei Fehler machen:

1. Sie schrecken zurück und gehen auf Distanz, aber es ist nur eine harmlose Maus.
2. Sie erschrecken nicht, weil Sie denken, es sei eine Maus. In Wirklichkeit ist es aber eine giftige Schlange.

Welcher Fehler ist harmloser?

Körperlich ist Ablehnung häufig als sich verengendes Gefühl spürbar. In seiner stärksten Form ist Ablehnung als Zorn oder Hass spürbar. Es ist aufschlussreich, Zeichen der Ablehnung zu bemerken. Das führt uns vor Augen, wie sehr unsere Zufriedenheit davon abhängt, dass etwas unseren Vorstellungen entspricht. Starke Abwehrreaktionen hatten früher zudem einen Überlebensvorteil, da man sich gegen Feinde behaupten musste (Hanson, 2009). Wir müssen uns also nicht wundern, warum wir bei Kleinigkeiten schon verbal aggressiv werden oder einen bösen Gesichtsausdruck aufsetzen.

**BEISPIEL**

Michaela wohnt schon länger mit Thomas zusammen. Eigentlich läuft alles ganz gut. Sie regt sich nur in letzter Zeit sehr häufig darüber auf, dass er seine Schuhe immer im Weg stehen lässt und es nicht schafft, seine Hemden ordentlich wegzuhängen. Sie streiten sich oft über diese alltäglichen Dinge. Michaela fokussiert auf diese negativen Aspekte und übersieht, wie oft seine positiven Handlungen die Unordnung überwiegen.

## Haltung Nr. 2: Verlangen

Ereignisse, die wir selbst als positiv bezeichnen, wollen wir zumeist wiederholen, so sehr, dass es zu einem Gefühl von Verlangen kommt. Wir sind selten zufrieden mit dem, was wir haben. Verlangen kann sich in Gedanken wie: »Ich will unbedingt!«, oder: »Wenn ich doch nur ... erreichen/bekommen könnte!« manifestieren.

**BEISPIEL**

Kevin hat einen stressigen Job. Er liebt es, abends bei einem Bier in Ruhe seine Lieblingssendung im Fernsehen zu sehen, und setzt alles daran, sie nicht zu verpassen. Er füllt regelmäßig den Kühlschrank auf und plant voraus, um rechtzeitig um 18 Uhr für sein Feierabendbier vor dem Fernseher zu sein. Kommt ihm etwas in die Quere, z. B. ein Stau oder ein längerer Anruf seiner Mutter, wird er sehr ungehalten und auch schon mal laut.

Das unbedingte Habenwollen hat den Vorteil, dass es Energien freisetzt, die zum Ziel führen können. In unserer westlichen Gesellschaft werden Menschen, die sich durchsetzen, stärker akzeptiert als diejenigen, die nachgeben. Kulturell bedingt wird dieses Verhalten daher eher verstärkt.

Der Nachteil von Verlangen liegt im permanenten Unzufriedenheitsgefühl. Wir denken: »Ich werde glücklich sein, wenn ich z. B. viel Geld, Schönheit, jenen Urlaub habe«. Sobald wir das Erwünschte erreicht haben, setzt jedoch das nächste Verlangen ein, das in seiner stärksten Form als Gier spürbar ist. Das neue Kleid ist schon bald nicht mehr interessant und wir wollen ein neues; wenn der Schokoriegel aufgegessen ist, wollen wir bereits den nächsten usw. Was an die Zufriedenheitsgleichung oben erinnert: Im Verlangen richte ich den Blick auf Zukünftiges. Damit ist es unmöglich, das wertzuschätzen oder wahrzunehmen, was gerade passiert. Es ist natürlich völlig in Ordnung, sich weiter etwas zu wünschen. Der Unterschied zwischen Wünschen und Verlangen liegt allerdings in der tiefen Enttäuschung, wenn unsere Wünsche unerfüllt bleiben.

**BEISPIEL**

Wir können den Schrank aufmachen und uns wünschen, dort die leckeren Kekse vorzufinden. Wenn aber keine da sind, können wir dies entweder akzeptieren, oder verärgert sein vor Enttäuschung – letzteres wäre Verlangen.

## Haltung Nr. 3: Ignoranz bzw. Unwissenheit

Ereignisse, Dinge oder Menschen, die für uns selbstverständlich bzw. aus unserer Sicht nicht wichtig sind oder zu denen wir eine vorgefertigte Meinung haben, beachten wir nicht weiter – es sei denn, sie werden zum Objekt von Ablehnung oder Verlangen. Wir betrachten die Dinge durch die Brille unserer Meinung, die in den meisten Fällen leider nur einem kleinen Teil der Realität entspricht und manchmal sogar lediglich auf Vorurteilen gründet. Ignoranz kann sich in dem Gedanken manifestieren: »Es interessiert mich nicht«. Aber meist denken wir eben nicht über diese Dinge nach, weil wir sie ja eben nicht beachten. In seiner stärksten Form ist Ignoranz ein Zeichen von Verblendung und Unwissenheit.

**BEISPIEL**

Manuela kennt ihren Kollegen Frank nun seit acht Jahren. Sie sitzen sich im Büro gegenüber und gehen ab und zu zusammen zum Mittagessen. Sie mag ihn nicht besonders. Er ist mit seinen stets fettigen Haaren relativ unansehnlich und riecht oft nach Knoblauch. Frank ist Single und Manuela bemitleidet ihn ein wenig. Eines Tages geht sie mit einer Freundin zu einem Tango-Ball – sie liebt Tango und will diesen Tanz unbedingt lernen, hat aber zwei linke Füße. Da sieht sie plötzlich Frank mit den besten Tänzerinnen tanzen. Er sieht aus wie ein Profi und der Anzug passt sogar zu den gegelten Haaren – es verschlägt ihr den Atem. Plötzlich wird ihr bewusst, dass sie ihn noch nie danach gefragt hat, wofür er sich begeistert.

Unser Gehirn selektiert Informationen für uns, damit wir nicht alle Informationen, die auf uns einprasseln, gleichermaßen bewusst wahrnehmen müssen. Sonst wären wir ob der Flut an Sinnesreizen überfordert und nicht handlungsfähig. Daher ist es eine notwendige Errungenschaft, dass wir über selbstverständliche Dinge hinwegsehen können. Diese Fähigkeit geht allerdings zu Lasten unserer Präsenz. Wenn wir die uns selbstverständlichen Dinge, welche die Realität jetzt gerade für uns bereit hält, nicht bewusst wahrnehmen, verpassen wir sie – das Zwitschern der Vögel, das freundliche Gesicht unseres Lebenspartners, den Frieden und Wohlstand in unserem Land.

> Für unser Wohlbefinden lohnt es sich, innezuhalten und die vermeintlich selbstverständlichen Dinge wieder zu sehen.

Ignoranz hat noch eine weitere Facette: Häufig haben wir Vorstellungen von den Dingen, die wir gut kennen und mit denen wir täglich zu tun haben. Wir laufen Gefahr, feine Unterschiede zu übersehen. Wir meinen zu wissen, wie sich unser Chef in einer bestimmten Situation verhält, wir glauben, unsere Umgebung genau zu kennen etc. Wir haften an unseren Vorstellungen. Sie sind für die Bewältigung des Alltags auch sehr sinnvoll – es wäre mühsam, sich jeden Tag völlig neu auf Alles einzustellen. Gleichzeitig halten sie uns jedoch davon ab, die Realität mit offenen und neugierigen Augen zu sehen. Im beruflichen Kontext gilt dies übrigens auch: Sind wir nicht achtsam gegenüber bekannten Dingen, laufen wir Gefahr, Relevantes zu übersehen. So kann es passieren, dass man Trends übersieht, wenn man nicht einen offenen Blick für das Marktumfeld hat.

**BEISPIEL**

Ein Kunde, den wir seit Jahren betreuen und bei dem wir davon ausgehen, dass er uns positiv gesinnt ist, merkt wiederholt an: »Schade, dass wir hier nicht andere Lösungen finden«. Sehen wir über diese Äußerungen hinweg, weil wir davon überzeugt sind, dass der Kunde mit uns zufrieden ist, laufen wir Gefahr, ihn zu verlieren.

Diese Haltung lässt sich wiederum mit unserer Evolutionsgeschichte erklären: Auf dem Weg durch die Wildnis konnten diejenigen, die in der Lage waren, Informationen auszublenden, die nicht überlebensnotwendig waren, kostbare Energie, Zeit und Aufmerksamkeit sparen. Zudem waren sie nicht abgelenkt von der Schönheit der Blüten, wenn der Säbelzahntiger zum Angriff ansetzte.

## Zu welcher Haltung tendieren Sie?

Die drei unachtsamen Haltungen Ablehnung, Verlangen und Ignoranz stehen uns dabei im Weg, achtsam zu sein. Jeder Mensch weist diese in unterschiedlicher Ausprägung auf. Die folgende Reflexionsübung hilft Ihnen dabei, sich zu orientieren, welche unachtsame Haltung bei Ihnen tendenziell stärker ausgeprägt ist.

Kreuzen Sie an, ob die folgenden Aussagen in der Tendenz auf Sie zutreffen. Tun Sie das spontan und ohne zu viel nachzudenken. Es gibt hier kein Richtig oder Falsch. Auch wenn es recht grobe Kategorien sind, mit denen wir die diffizilen Haltungen einteilen, mögen diese in ihrer Vereinfachung helfen, sich selbst zu reflektieren.

## Zu welcher Haltung tendieren Sie?

| Nr. | Aussage | Trifft eher zu |
|---|---|---|
| 1 | Energieraubende und unangenehme Aufgaben (z. B. die Steuererklärung) schiebe ich gerne vor mir her. (A) | |
| 2 | Es kommt vor, dass ich mir wünsche, etwas zu haben, was andere haben. (B) | |
| 3 | Es kommt vor, dass ich davon überzeugt bin, dass ich im Recht bin und deswegen andere Argumente gar nicht richtig verfolge. (C) | |
| 4 | Es kommt vor, dass ich an altem Groll festhalte. Insbesondere wenn ich mich ungerecht behandelt fühle, fällt es mir eher schwer zu verzeihen. (A) | |
| 5 | Ich verliere mich regelmäßig in Beschäftigungen, die mich von einer Aufgabe ablenken, wie z. B. SuDoKu, Fernsehen, Telefonieren, E-Mails checken, Spielen oder Internetsurfen. (B) | |
| 6 | Ich mache mir gerne vorab ein Bild von meinem Gegenüber, um dann mit einer vorgefertigten Meinung ins Gespräch gehen zu können. (C) | |
| 7 | Es kommt vor, dass ich andere beschwichtige und kritische Ereignisse abschwäche im Sinne von »Alles ist gut«. (A) | |
| 8 | Ich esse im Laufe des Tages bei vielen Gelegenheiten Snacks oder Süßigkeiten oder trinke Softdrinks. (B) | |
| 9 | Ich schenke einfachen Dingen wie dem Sonnenaufgang oder den Wolken am Himmel wenig Beachtung. (C) | |
| 10 | Ich mache mir Sorgen um die Zukunft, mehr als andere Menschen. (A) | |
| 11 | Wenn ich etwas möchte, sollte es sofort passieren; ich habe einen starken Willen. (B) | |

| Nr. | Aussage | Trifft eher zu |
|---|---|---|
| 12 | Wegen, die ich gewohnheitsmäßig fahre bzw. gehe (z. B. zur Arbeit), schenke ich keine besondere Beachtung. (C) | |
| 13 | Es gibt Menschen in meinem Umfeld, die ich ablehne und denen ich mit einer negativen Einstellung gegenüberstehe. (A) | |
| 14 | Ich neige dazu, Kleidung und andere Dinge zu kaufen, die ich nicht wirklich benötige. (B) | |
| 15 | Ich kann mich eher selten erinnern, was die Person, die ich zuletzt getroffen habe, anhatte. (C) | |

## Auflösung

Zählen Sie jeweils die angekreuzten A-, B-, C-Aussagen zusammen:

| |
|---|
| Summe A: |
| Summe B: |
| Summe C: |

- Sie haben viele Aussagen zu A angekreuzt: Es kann sein, dass Sie zu der Haltung »**Ablehnung**« tendieren. Dies kann sich in Gedanken wie: »Das darf auf keinen Fall passieren«, oder: »Das darf so nicht sein« manifestieren. Menschen mit einer ausgeprägten ablehnenden Haltung tendieren typischerweise dazu, Arzttermine oder andere unangenehme Begegnungen zu verschieben. Sie lehnen bestimmte Menschen im eigenen Umfeld ab, dies kann sich in Verachtung, starker Kritik oder auch in Wut ausdrücken. Menschen dieses Typs neigen teilweise dazu, an altem Groll festzuhalten, und es fällt ihnen eher schwer zu verzeihen. Es kann sein, dass sie sich nicht mit kritischen Ereignissen konfrontieren wollen, andere beschwichtigen oder negative Ereignisse abschwächen im Sinne von »Alles ist gut«. Sie machen sich eher mehr Sorgen als andere und entwickeln beizeiten sog. Horror-Szenarien von Situationen in der Zukunft.

- Sie haben viele Aussagen zu B angekreuzt: Es kann sein, dass Sie zu der Haltung »**Verlangen**« tendieren. Menschen mit einer ausgeprägten verlangenden Haltung neigen dazu, ihren starken Willen einzusetzen, um Dinge zu schaffen, z.B. Karriere zu machen. Sie sind eher ungeduldig; konsumieren Dinge, die sie nicht unbedingt benötigen, und neigen eher zu Maßlosigkeit, z.B. im Essen und Trinken, der Karriere, dem Sport etc. Es kann sein, dass sie unter dem Gefühl leiden, zu kurz kommen zu können. Manchmal liebäugeln sie mit Dingen, die andere haben, was sich in Neid oder Eifersucht zeigen kann.
- Sie haben viele Aussagen zu C angekreuzt: Menschen mit einer ausgeprägten **ignorierenden Haltung** haben tendenziell eine starke Meinung zu Dingen. Sie fühlen sich zeitweise so stark im Recht, dass es ihnen schwer fällt, Argumente anderer zu akzeptieren. Sie tendieren dazu, bekannten Dingen bzw. Umgebungen keine besondere Beachtung zu schenken. Sie neigen dazu, vorgefertigte Meinungen zu anderen zu ha

ben, und manchmal ertappen sie sich dabei, über andere in einfachen Kategorien zu sprechen.

**Auf einen Blick: Warum es so wichtig ist, achtsam zu sein**

- Unachtsamkeit ist unser Normalzustand. Die wenigsten von uns sind präsent im Hier und Jetzt. Wir sind mit unseren Gedanken häufig in der Zukunft oder in der Vergangenheit.
- Unsere Unachtsamkeit ist zum einen durch unsere schnelllebige Kultur bedingt: Neben Multitasking und Leistungsdruck hat achtsames Verhalten scheinbar keinen Platz. Zum anderen ist Unachtsamkeit die Folge von Verhaltensweisen, die uns als Spezies einmal einen Überlebensvorteil verschafft haben.
- Es gibt drei typische Haltungen, die uns daran hindern, achtsam zu sein: Ablehnung, Verlangen und Ignoranz bzw. Unwissenheit. Wollen wir ein achtsameres Leben führen, gilt es sie zu ändern.

# Der Weg zur Achtsamkeit

Bereits vor tausenden Jahren wusste man, dass Achtsamkeit ein wertvoller Schatz ist, der in jedem von uns schlummert. Mittlerweile haben Wissenschaftler nachgewiesen, dass eine achtsame Lebensweise Gesundheit und Wohlbefinden fördert. Und noch eine gute Nachricht: Der Weg dorthin ist gar nicht so schwer zu gehen.

In diesem Kapitel erfahren Sie u. a.,

- was Forscher über Achtsamkeit herausgefunden haben,
- was Achtsamkeitstechniken in uns bewirken können,
- welche Einstellungen unterstützend sind.

# Achtsamkeit schlummert in jedem von uns

Achtsamkeit ist ein nicht bewertendes Gewahrsein der Erfahrungen des gegenwärtigen Moments (Hölzel et al; Kabat-Zinn, 2003, eigene Übersetzung). Um achtsam und präsent zu sein, geht man vom Multitasking- in den Mono-Thinking-Modus. Man muss sich dafür noch nicht einmal groß verändern und auch nicht im Lotus-Sitz oder auf einer Gebetsbank sitzen. Achtsamkeit entsteht vor allem, wenn wir etwas nutzen, was schon immer da ist: unser Bewusstsein. Uns steht Bewusstsein zur Verfügung, ohne etwas dafür tun zu müssen. Typischerweise nutzen wir es allerdings zu selten. Es ist, als würden wir im Dunklen eine Lampe mit uns tragen, die wir aber nicht anknipsen. Die Beschäftigung mit Achtsamkeit ist nichts anderes, als diese Lampe immer wieder anzuknipsen.

**BEISPIEL**

Wenn Michaela bei strahlendem Wetter durch die Stadt geht und mit ihrer To-do- oder Einkaufsliste beschäftigt ist, übersieht sie das, was ist. Sie sieht nicht, durch welche interessanten Straßen sie gerade geht oder dass die Bäume erste Blüten treiben. Macht sie sich klar, dass sie ihre Umwelt nicht bewusst betrachtet – knipst sie also ihr Bewusstsein an –, entdeckt sie plötzlich hübsche Kleinigkeiten, etwa ein witziges Plakat auf einer Häuserwand, das sie zum Lachen bringt.

Achtsamkeitstechniken verhelfen zu einem tieferen Verständnis unserer Innenwelt. Durch sie verstehen wir z.B., dass Gedanken und Gefühle vorübergehend sind und wir wählen können, ob wir auf sie reagieren oder nicht. Achtsamkeit führt auch zu einem besseren Verständnis der Außenwelt und steigert die emotionale Kompetenz.

## Achtsamkeit als Entwicklungsprozess

Achtsamkeit ist kein Zustand, den wir erreichen und für immer beibehalten, wenn wir einige Male ein paar Übungen machen, sondern ein Entwicklungsprozess. Achtsam sein ist eine Art zu sein, an die man sich immer wieder erinnern muss, weil unser Autopilot gerne immer wieder auf »unachtsam« schaltet. Das ist ganz natürlich. Wir sind nicht plötzlich für immer achtsam. Selbst der achtsamste Mensch schimpft manchmal vor sich hin – er wird sich wahrscheinlich schneller dessen bewusst, wird aber nicht ganz verhindern können, hin und wieder unachtsam zu sein. Manche Stürme schlagen dann jedoch nicht mehr so hohe Wellen und neuen Herausforderungen wissen wir gelassener zu begegnen.

Die drei unachtsamen Haltungen – Ablehnung, Verlangen und Ignoranz – die unsere Achtsamkeit erschweren und jedem Menschen innewohnen, haben Sie bereits kennengelernt. Mithilfe von Achtsamkeitsübungen können wir sie nach und nach transformieren.

| Unachtsame Haltung | Transformation |
|---|---|
| Ablehnung | Die Tendenz, Unangenehmes zu vermeiden, durchschauen wir. Indem wir sie akzeptieren, erreichen wir einen Zustand innerer Ruhe und Gelassenheit. |

| Unachtsame Haltung | Transformation |
|---|---|
| Verlangen | Ständiges Wünschen und Begehren wird ruhiger und wir entwickeln Zufriedenheit mit dem, was ist. |
| Ignoranz | Wir schärfen den Blick für das Besondere im Selbstverständlichen und wertschätzen Dinge und Personen, so wie sie uns umgeben. |

Für die Transformation hilft uns die Erkenntnis, dass alle Dinge vergänglich sind und alles miteinander in Beziehung steht. Diese Einsicht ist durch Achtsamkeitstechniken erfahrbar.

## Achtsamkeit früher und heute

Wenn wir nicht achtsam sind, schweift der Geist ab. Man befindet sich dann, ohne es zu merken, in einer Art Selbst-Gespräch: Das Selbst führt ein Gespräch mit sich. Da wir nicht gleichzeitig präsent im gegenwärtigen Moment und gedanklich bei etwas anderem sein können, sind wir durch die eigenen Gedanken permanent von dem, was wir gerade erleben, abgelenkt. Um nicht vom Fluss dieser Gedanken mitgerissen zu werden, müssen wir Menschen unsere Gedanken immer wieder bewusst in die Gegenwart zurückbringen. Doch wie genau funktioniert das? Mit dieser Frage beschäftigen sich Gelehrte quer über den Erdball bereits seit Jahrtausenden.

## Weltweites Konzept mit uralter Tradition

Achtsamkeitstechniken wie z.B. die Meditation finden sich in vielen Traditionen und Religionen. Sie kommen in Strömungen des Islams wie dem Sufismus, und dem Christentum, z.B. in den mystischen, benediktinischen und franziskanischen Traditionen vor. Auch Mantrasingen oder Rosenkranzbeten kann man als Achtsamkeitstechniken bezeichnen; das »Gebet der Sammlung« (Keating, 2010) ist eine kontemplative Gebetsweise bzw. christliche Meditationsform. Die buddhistische Tradition hat die Meditation am meisten verfeinert. Viele der in diesem Buch aufgeführten Achtsamkeitstechniken sind bereits um die 2.600 Jahre alt.

## Moderne Achtsamkeitsprogramme

Der Fokus dieses TaschenGuides liegt nicht auf dem theoretischen Hintergrund, sondern auf dem pragmatischen Nutzen von Achtsamkeit – und dieser ist mittlerweile anerkannt: Achtsamkeit hat den Weg aus den fernöstlichen Tempeln in die westliche Gesellschaft gefunden. Hier werden Achtsamkeitstechniken unabhängig vom religiösen Kontext als eine mentale Praxis der Aufmerksamkeitssteuerung und der inneren Haltung betrachtet.

In Schulen, Organisationen, Gefängnissen, Verwaltungen, in Therapiepraxen, Sportverbänden und Unternehmen finden Achtsamkeitsprogramme statt. Begonnen hat die Popularität vor über 30 Jahren in den USA durch ein Achtsamkeitsprogramm zur Stressreduktion, welches sein Gründer Jon Kabat-Zinn

»Mindfulness Based Stress Reduction« (Mindfulness = Achtsamkeit), kurz: MBSR, nannte. MBSR verbindet Achtsamkeitstraditionen mit moderner Stressforschung und wurde ursprünglich zur Behandlung von Schmerzpatienten und Stresssymptomen erfolgreich eingesetzt. Seine Wirksamkeit ist mittlerweile durch zahlreiche Forschungsergebnisse nachgewiesen (siehe unten).

Vor allem dank der folgenden Persönlichkeiten hat Achtsamkeit ihren Weg in die westliche Welt und in den Alltag jenseits der Religion gefunden.

- Der Dalai Lama hat im Westen eine Brücke geschaffen zwischen fernöstlichen Achtsamkeitspraktiken und westlicher Wissenschaft, was sich u.a. in der von ihm initiierten Gründung des Mind & Life-Institute (»Geist und Leben«) in den USA zeigte.
- Thich Nhat Hanh ist ein vietnamesischer Zen-Mönch und Friedensaktivist. Im Exil in Frankreich gründete er ein buddhistisches Kloster, das auch für Laien offen ist. Er setzt sich stark dafür ein, dass Achtsamkeit nicht nur auf die sog. formelle Praxis – also Übungen, denen man gezielt Zeit widmet – beschränkt ist, sondern dass man sie in alltäglichen Aktivitäten kultiviert, so z.B. beim achtsamen Abwaschen.
- Jon Kabat-Zinn, Molekularbiologe und Leiter einer Stressklinik in den USA, entwickelte das bereits oben beschriebene 8-wöchige MBSR-Programm zur Therapie, leitete die ersten wissenschaftlichen Untersuchungen zur medizinischen Wirksamkeit von Achtsamkeitspraktiken und machte diese populär.

Mit zunehmendem Nachweis positiver Effekte von Achtsamkeitstrainings (siehe nächstes Unterkapitel) haben weltweit Konzerne angefangen, Achtsamkeitsprogramme in ihr Fortbildungsangebot aufzunehmen.

**BEISPIEL**

Google war mit dem von Chade-Meng Tan entwickelten Programm »Search Inside Yourself« Vorreiter für Achtsamkeitsprogramme in Organisationen. Der deutsche Technologiekonzern SAP hat sogar die Position »Mindfulness Director« eingeführt.

## Achtsamkeit als Gegenkonzept zu unserer schnelllebigen Zeit

Häufiger Zeitdruck und lange To-do-Listen verführen viele Menschen dazu, mehrere Dinge gleichzeitig zu tun, in Gedanken immer schon zwei Schritte voraus zu sein. Dadurch stellt sich bei vielen eine Atemlosigkeit, Gereiztheit, Müdigkeit oder latente Unzufriedenheit ein, die ihnen die innere Ruhe raubt und auch zu ungewollten Konflikten mit anderen beiträgt. Manche empfinden diesen Zustand als Hamsterrad. Viele, gleich ob Mitarbeiter oder erfolgreicher Manager, beschreiben wegen der Herausforderungen in ihrem Beruf häufig ein für sie unklares Gefühl von »Nicht-glücklich-Sein«. In diesem Zustand lässt sich das Leben selten in seiner ganzen Intensität genießen. Von Achtsamkeitstechniken erhoffen sich die Menschen zu lernen, den Pausenknopf zu drücken, zufriedener und gesünder zu sein.

Kein Wunder also, dass Achtsamkeit immer mehr Bedeutung in unserer Gesellschaft erlangt. So ist die Anzahl der Publikationen zum Thema Achtsamkeit in den letzten Jahren auch sprunghaft angestiegen. Sogar die mächtigsten Politiker und Konzernlenker haben das Thema für sich entdeckt: Gemeinsam mit Jon Kabat-Zinn diskutierte man auf dem World Economic Forum in Davos 2015 Achtsamkeitsthemen und meditierte.

## Warum sich Achtsamkeit nachweislich lohnt

Viele wissenschaftliche Studien weltweit belegen die positiven Auswirkungen, die man durch die Einübung von Achtsamkeit und insbesondere durch Meditation erreichen kann. Nachweisbar positive Effekte gibt es sowohl in Bezug auf uns selbst – auf das allgemeine Wohlbefinden und die Leistungsfähigkeit sowie auf unsere Gesundheit – als auch auf unseren Umgang mit anderen Menschen. Manche Effekte stellen sich bereits nach wenigen Tagen ein, andere nach längerer Zeit kontinuierlichen Übens.

Bei Menschen, die Achtsamkeit praktizieren, wurde überdurchschnittlich häufig festgestellt, dass sie glücklich und zufrieden sind. Dies ist verbunden mit

- erhöhter Gelassenheit und Lebensfreude, Selbstvertrauen und Selbstakzeptanz,
- intensiverem Erleben des gegenwärtigen Moments,

- stärkerer emotionaler Ausgeglichenheit und Emotionsregulation,
- mehr Geduld, schnelleren Reaktionszeiten und einer erhöhten geistigen und körperlichen Ausdauer und Gedächtnisleistung.

Menschen, die regelmäßig meditieren, leben tendenziell gesünder.

- Die Beziehung zum eigenen Körper, zu sich selbst und zu den Problemen, die man hat, wandelt sich. Physisch-emotionale Belastungen werden besser verkraftet; das Immunsystem wird gestärkt. Auf diese Weise wird Erkältungen, grippalen Infekten und anderen Krankheiten vorgebeugt; Hautkrankheiten können zurückgehen.
- Stress wird weniger stark empfunden. Der Umgang mit Stresssituationen verbessert sich; mit Stress einhergehende medizinische Probleme wie Angst, Panik, Depression und Reizbarkeit können abnehmen.
- Bei schweren Krankheiten, wie etwa Krebs, und chronischen Schmerzen kann die Lebensqualität durch Achtsamkeit tendenziell verbessert werden.

Bei Menschen, die Achtsamkeit trainieren, wurde eine stärkere Bindungsfähigkeit und die Fähigkeit, mit anderen zu interagieren, festgestellt. Dies geht einher mit gesteigerter

- Empathie, also der Fähigkeit mit anderen mitzufühlen, sowie mit
- sozialer Kompetenz.

Diese Effekte sind wissenschaftlich nachgewiesen (die meisten sind zitiert in Williams & Penman, 2015; Kabat-Zinn, 2011; Hanson, 2009).

## Was Achtsamkeitstechniken in uns bewirken

Aber warum und wie treten diese positiven Effekte ein? Lassen Sie uns zur Beantwortung dieser Frage einen kurzen Blick auf die Geschehnisse im Gehirn bzw. im Körper sowie auf die psychologischen Prozesse werfen.

> Durch Achtsamkeitstechniken verwandeln wir den reißenden Fluss oder Wasserfall an Gedanken in einen ruhigen Fluss, der durch eine Schlucht fließt. Mit regelmäßiger Übung verwandelt sich dieser in einen Strom, der geruhsam durch ein breites Tal fließt und dann in einen Ozean ohne Wellen, der still ist wie ein Berg. (Williams, 2004)

### Was im Körper passiert

Das Gehirn kann stark vereinfacht aufgeteilt werden in einen Teil, der für rationales Denken zuständig ist, den sog. Cortex, sowie einen Teil für Emotionen, das sog. limbische System. Normalerweise nimmt man etwas wahr, gleicht die Wahrnehmung mit dem »denkenden« Teil des Gehirns ab und reagiert. Wird ein Reiz als Bedrohung eingestuft – egal, ob dieser tatsächlich bedrohlich ist oder nicht –, reagiert das »emotionale Gehirn« wie eine Art Rauchmelder und versetzt den Körper in eine Stressreaktion.

**BEISPIEL**

Der Reiz, der uns in Stress versetzt, kann ein Schlauch auf dem Weg sein, den wir im ersten Moment für eine Schlange halten; eine beleidigende Kollegin oder der unhöfliche Autofahrer, der uns die Vorfahrt nimmt.

Dann wird nicht das denkende Gehirn zum Abgleich der Wahrnehmung eingeschaltet, sondern es werden quasi über eine Abkürzung direkt Stresshormone im Körper ausgeschüttet und der Körper für Flucht oder Kampf aktiviert.

Unser »emotionales« Gehirn kann nicht zwischen einer wahrgenommenen und einer tatsächlichen Bedrohung unterscheiden. Bei jeder vermeintlichen Bedrohung löst es dieselben Reaktionen aus wie bei tatsächlicher Lebensgefahr: Flucht, indem man z. B. Türen schlagend das Büro verlässt oder innerlich »dichtmacht«, oder Kampf, indem man z. B. jemanden innerlich oder real beschimpft. Wenn Menschen es nicht schaffen, diese instinktive Reaktion zu unterbinden, geraten sie im wahrsten Sinne des Wortes außer Kontrolle. Das kann relativ harmlos sein, wenn sie laut auf den Autofahrer vor sich schimpfen, ohne dass es jemand hört. Es kann aber auch zu Konflikten mit der Umwelt führen. Diese Reaktionen sind in aller Regel nicht zielführend, und meistens bedauern wir unsere harsche Reaktion, sobald wir uns beruhigt haben.

Menschen, die Achtsamkeitstechniken üben, können diesen Automatismus besser unterbrechen. Es wird ihnen schneller bewusst, dass sie in einer Stressreaktion sind und sie können diese abschwächen, bevor sie heftig reagieren – quasi einen »Pausenknopf« zwischen Reiz und Reaktion drücken. Sie können dadurch wohlüberlegt entscheiden, wie sie auf die Situation reagieren wollen. Man kann auch verbildlichend sagen, dass durch häufiges Üben von Meditationstechniken der Informationsfluss zwischen dem »denkenden« und dem »emotionalen« Teil des Gehirns gefördert wird.

Das angeborene Reiz-Reaktionsmuster war hilfreich, als unsere Vorfahren noch im Wesentlichen physischen Bedrohungen ausgesetzt waren. Im Umgang mit einem Wolfrudel wäre es wenig hilfreich gewesen, erst einmal zu überlegen, ob die Wölfe Freunde oder Feinde sind. Man musste blitzschnell reagieren, um zu überleben.

Sympathikus und Parasympathikus, die beiden Gegenspieler des vegetativen Nervensystems, steuern zusammen die Aktivitäten des Körpers. Während uns der Sympathikus als »Aktivitätsnerv« in höchste Aufmerksamkeit und Handlungsbereitschaft versetzt, ist der Parasympathikus für die Prozesse zuständig, die im Ruhezustand ablaufen. Er steuert den Stoffwechsel und dient der Erholung und dem Aufbau körpereigener Reserven. Bei hohem, lang andauerndem Stress ist der Sympathikus ständig aktiv und damit der Parasympathikus meist inaktiv. Dadurch kann der Körper nicht mehr regenerieren. Viele Menschen sind durch ihren Job oder ihre Tätigkeiten in der Familie in dauerndem Aktivierungszustand, so dass sie bewusst (wieder-)erlernen wollen, sich zu entspannen. Achtsamkeitstechniken helfen dabei, den Parasympathikus zu aktivieren und sich zu erholen.

## Psychologische Wirkungen

Achtsamkeitstechniken trainieren die emotionale Intelligenz. Der Grund: Sie stärken die Fähigkeit, sich seiner Emotionen bewusst zu werden und die von anderen besser nachzuvollziehen. Menschen mit einer hohen emotionalen Intelligenz sind in der Lage, ihre eigenen Gefühle gut einzuschätzen und bewusst zwischen verschiedenen Gefühlszuständen zu wechseln.

Der US-amerikanische Wissenschaftsjournalist Daniel Goleman (1985), der Pionierarbeit rund um den Einfluss von Emotionen im Unternehmenskontext leistete, unterscheidet fünf Elemente emotionaler Intelligenz. Jedes kann durch Achtsamkeitstechniken trainiert werden.

1. **Erkennen der eigenen Gefühle:** Mithilfe von Achtsamkeitstechniken lernt man, die eigenen Gefühle zu beobachten und zu differenzieren sowie den Körper bewusster wahrzunehmen. Das verbessert die Selbstwahrnehmung.
2. **Regulation der eigenen Gefühle:** Durch Achtsamkeitstechniken wird eine angemessene Handhabung der eigenen Emotionen trainiert. Man lernt, sich selbst in stressigen Situationen zu beruhigen, heftige Gefühle zu kanalisieren und sich von Rückschlägen zu erholen.

3. **Einsatz der eigenen Emotionen:** Mithilfe von Achtsamkeitstechniken kann man lernen, sich auf die Dinge zu konzentrieren, die einem wichtig sind. Hierzu gehört, seine Energie in den Dienst eines Ziels zu stellen und sich zu fokussieren.

Diese ersten drei Elemente der emotionalen Intelligenz beziehen sich auf den Umgang mit den eigenen Emotionen. In den nächsten zwei Elementen geht es um den Umgang mit anderen und deren Emotionen.

4. **Empathie**: Achtsamkeitstechniken ermöglichen eine bewusstere Wahrnehmung der Gefühle anderer und helfen dabei, Verständnis für sie zu entwickeln. Es fällt einem dann leichter, sich in andere hineinzuversetzen, die Vielfalt an Emotionen zu unterscheiden und klarer versteckte soziale Signale zu lesen.
5. **Soziale Kompetenz:** Achtsamkeitstechniken unterstützen dabei, anderen aktiv zuzuhören, ihren Bedürfnissen offener zu begegnen und Wertschätzung auszudrücken. Dies hilft, reibungslosere Interaktionen zu gestalten und gut mit anderen zusammenzuarbeiten.

Unsere Sichtweise verändert sich durch die Einsicht, die sich bei regelmäßig durchgeführten Achtsamkeitstechniken einstellt: dass alles vergänglich ist und miteinander in Beziehung steht, d.h. dass alle Dinge in gegenseitiger Abhängigkeit existieren. Geläufig dafür ist das Bild des Flügelschlags eines Schmetterlings, der über viele Verbindungen hinweg einen Sturm auf der anderen Seite des Globus auslösen kann. Das Verständnis dieser

Abhängigkeiten eröffnet die Erkenntnis, dass all unser Handeln Folgen hat und wir zudem verbunden sind. Wir entwickeln durch Achtsamkeitstechniken Zuversicht in den gegenwärtigen Moment, da wir erkennen, dass wir durch die Verbundenheit mit allem anderen getragen werden. Die Zuversicht geht mit dem Gefühl einher, dass »schon alles da ist« und wir nicht danach streben müssen. Dadurch entwickelt sich Vertrauen in den gegenwärtigen Moment, der sich entfaltet ohne unser Zutun. Wir atmen auch ohne unser Zutun, ohne bewusst etwas zu tun. Der Atmen ist ein Anker des Verweilens in der Jetztheit und erinnert uns daran, dass wir Vertrauen haben können, in jedem Moment.

Um vom Zustand der Unachtsamkeit hin zu mehr Achtsamkeit zu gelangen, müssen die tief in uns verankerten Haltungen der Ablehnung, des Verlangens und der Ignoranz verändert werden. Das ist nicht einfach, weil wir in einer Gesellschaft bzw. Kultur leben, die eher Betriebsamkeit als Achtsamkeit vorlebt.

## Was im Gehirn passiert

Was die Gehirnstrukturen angeht, weiß man heute, dass es dank der sog. Neuroplastizität des Gehirns grundsätzlich selbst bis ins hohe Alter hinein möglich ist, neue Dinge zu lernen. Neuroplastizität bedeutet, dass unser Gehirn durch unsere Denkgewohnheiten veränderbar ist. Selbst eingefahrene Denkweisen lassen sich durch Übung nach und nach modulieren. Dies gelingt, indem man neue Gewohnheiten kreiert, wiederholt und sich immer wieder bewusst macht, was man gerade tut. Hierbei werden neue neuronale Verbindungen geschaffen. Ein neuer »Denkmuskel« lässt sich also durch Üben, Üben, Üben trainieren und immer mehr stärken.

## Einstellungen, die Achtsamkeit fördern

Wie wir unser Leben wahrnehmen, hängt wesentlich von unserer inneren Einstellung gegenüber dem, was wir erleben, ab. Jon Kabat-Zinn (2011) beschreibt sieben Einstellungen, deren Kultivierung uns dabei hilft, Achtsamkeit zu entwickeln. Gleichzeitig werden diese Einstellungen durch Achtsamkeitsübungen, wie sie in diesem TaschenGuide vorgestellt werden, weiter gefestigt.

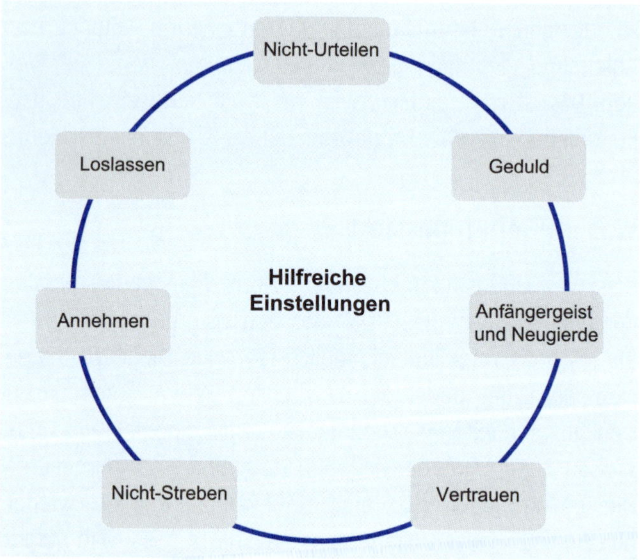


*Achtsamkeitsfördernde Einstellungen*

1. **Nicht-Urteilen:** Haben wir diese Einstellung, beobachten wir unsere Erfahrungen nicht-wertend, anstatt sie direkt als gut oder schlecht, angenehm oder unangenehm zu kategorisieren. Wenn Sie Ihre Gedanken genau beobachten, werden Sie höchstwahrscheinlich feststellen, dass Sie meistens bewerten. Wenn wir achtsam sein wollen, versuchen wir, die Dinge so zu sehen, wie sie sind, ohne dass wir unser Urteil gleich zu Beginn mit in unsere Wahrnehmung einschließen. Das heißt nicht, keine bewussten Urteile mehr zu bilden, sondern Beobachtung und Bewertung zu trennen.
2. **Geduld:** Diese Einstellung verkörpert die innere Akzeptanz, dass Veränderungen Zeit brauchen. Eine Larve wird nicht schneller zum Schmetterling, wenn sie vorschnell aus ihrem Kokon befreit wird; Gras wächst nicht schneller, wenn man daran zieht. Bei der Meditation passiert äußerlich wenig, daher ist sie ein ideales Training für Geduld – Geduld, sich ganz einzulassen, auch wenn der Geist die reine Konzentration auf den Atem langweilig finden mag und Veränderung langsam und nicht von heute auf morgen geschieht.
3. **Anfängergeist und Neugierde:** Sie sind das Gegenteil von Ignoranz und beschreiben eine offene und interessierte Haltung auch längst Bekanntem gegenüber. Diese Perspektive schult Achtsamkeit, weil sie uns hilft, die Dinge bewusst wahrzunehmen und das Alltägliche zu schätzen. Oft vergeuden wir den gegenwärtigen Moment, da wir ihn nicht so wahrnehmen, wie er ist: Wir können neugierig auf jeden Augenblick sein, als ob wir ihn zum ersten Mal erleben – denn

wir erleben ihn tatsächlich zum ersten Mal. Wenn Sie sich etwas mit Neugierde nähern, können Sie gar nicht anders, als präsent und achtsam zu sein.

4. **Vertrauen:** Diese Einstellung ist zum einen eine Voraussetzung, um sich überhaupt auf Achtsamkeitstechniken einzulassen, um offen zu sein für neue Erfahrungen, auch wenn sie uns anfänglich fremd erscheinen oder sich außerhalb unserer Komfortzone abspielen. Zum anderen geht es auch um Vertrauen in uns selbst und unsere Gefühle, unsere eigene Intuition und Weisheit. Wir sollten nichts tun, was sich nicht richtig anfühlt (so z.B. bei Körperübungen). Manche Menschen vertrauen ihrem Lehrer mehr als sich selbst und eifern ihm nach, da sie ihn für fortgeschrittener halten. Es geht bei Achtsamkeit darum, nicht jemand anders, sondern man selbst zu sein.
5. **Nicht-Streben:** Hier geht es darum, eine Handlung um ihrer selbst willen zu tun und damit im Moment sein zu können. Das beinhaltet, eine Tätigkeit, die einer Zielerreichung dient, nicht von der Erwartung dominieren zu lassen, sondern in der Tätigkeit voll präsent zu sein. Typischerweise verfolgen wir mit fast jeder unserer Handlungen einen bestimmten Zweck und wollen damit ein Ergebnis erreichen. Das können wir weiterhin tun. Während des Übens von Achtsamkeit lenkt uns das Ziel vor Augen oder die Erwartung der Zielerreichung allerdings davon ab, präsent zu sein.
6. **Annehmen:** Wer diese Einstellung hat, nimmt die Erfahrung des jeweiligen Augenblicks wahr und ist mit ihr einverstan-

den, so wie sie ist. Das schließt auch ein, unangenehme Dinge als Teil unserer Realität anzunehmen, anstatt sich darüber zu ärgern. Schon die kleinen Widrigkeiten des Lebens wie ein Kratzer im Auto, der verspätete Flug oder eine Erkältung wollen wir nicht als Teil der Realität annehmen. In vielen solchen Situationen vergeuden wir Zeit und Energie damit, uns gegen Dinge aufzulehnen, die anders sind, als wir sie gewünscht oder erwartet haben. Eine Situation anzunehmen, beginnt damit, unsere Gefühle und Gedanken in Bezug auf die Situation nicht zu verleugnen oder ihnen Widerstand entgegenzubringen. Wenn wir uns auf die Ablehnung einer Situation fokussieren – was häufig mit Ärger oder Trauer verbunden ist –, bleibt weniger Energie, um die Situation im nächsten Schritt positiv zu verändern.

7. **Loslassen:** In Achtsamkeitsübungen bedeutet Loslassen, jede Erfahrung so zu lassen, wie sie ist. Dafür müssen wir zunächst erkennen, wann wir uns im Zustand von Ablehnung oder Verlangen befinden, und diesen Zustand loslassen. Es hilft, dabei zu reflektieren, dass wir oft genug nicht einschätzen können, ob das Aufgeben von etwas Angenehmem neue Türen öffnet oder relevant für unsere Entwicklung ist, so wie ein Küken aus dem Ei schlüpft und dabei die Sicherheit verlässt, um sich entwickeln zu können. Zudem wissen wir eigentlich, dass es in der Welt keine Beständigkeit gibt, alles vergänglich ist und wir uns früher oder später von allem verabschieden müssen. Blühen und Verwelken, Geborenwerden und Sterben, das Einatmen und Ausatmen gehören zu den natürlichen Zyklen des Lebens. Mit jeder

Stunde, die wir leben, nähern wir uns unserem Tod. Unser Anhaften an schönen Situationen trägt damit den Schmerz des Verlusts schon in die Situation und trübt sie damit. In den Achtsamkeitsübungen beobachten und erkunden wir unsere Gefühle, Gedanken und Empfindungen, nur um sie wieder loszulassen.

**Auf einen Blick: Der Weg zur Achtsamkeit**

- Wer achtsamer leben möchte, muss die tief in sich verankerten Haltungen der Ablehnung, des Verlangens und der Ignoranz verändern.
- Schon vor tausenden Jahren strebten die Menschen nach Achtsamkeit. Heute in unserer schnelllebigen Welt, ist sie ein Weg, aus dem Hamsterrad, in dem sich viele befinden, auszusteigen.
- Achtsamkeit lohnt sich. Sie hilft uns dabei, ein glücklicheres, gesünderes Leben zu führen. Hirnforscher, Mediziner und Psychologen bestätigen diese Effekte.

# Achtsamer mit sich selbst umgehen: Übungen

Achtsamkeit lässt sich trainieren wie ein Muskel. Je kontinuierlicher wir üben, desto achtsamer werden wir. Wie im Sport gibt es dafür Trainingseinheiten, die Achtsamkeitstechniken genannt werden. Neben vielen weiteren ist die Meditation eine solche Technik.

In diesem Kapitel finden Sie

- die Grundmeditationshaltung, die Basis für viele Achtsamkeitstechniken ist,
- Übungen, die Sie dabei unterstützen, Ihre Gefühle, Ihren Körper und Ihre Gedanken bewusster wahrzunehmen,
- Techniken, die helfen, hinderliche Einstellungen zu verändern.

# Alles eine Frage des Trainings

Achtsamkeit kann man lernen und wie einen Muskel trainieren. Die Muskelmetapher beschränkt sich allerdings nur darauf, dass man stetig üben muss. Man kann Achtsamkeit jedoch nicht verbissen mit dem Ziel angehen, unbedingt achtsamer werden zu wollen. Es braucht Geduld, Vertrauen und Nicht-Streben – also drei der sieben Einstellungen, die wir im vorhergehenden Kapitel beschrieben haben.

## Die informelle Praxis

Achtsamer zu werden, gelingt zum einen durch informelle Praxis, indem wir tägliche Handlungen achtsam durchführen. Die informelle Praxis beinhaltet, einzelne Handlungen, wie das Zähneputzen oder den Abwasch, bewusst achtsam durchzuführen, z.B. indem wir die sieben Einstellungen aus dem Kapitel oben anwenden.

| Übung: Achtsamer Abwasch |
| --- |
| So wird der tägliche Abwasch zu einer Achtsamkeitsübung wird (nach einer Beschreibung von Thich Nhat Hanh, 1998, S. 24): Spülen Sie das Geschirr entspannt ab, als sei jede Schale Gegenstand Ihrer Betrachtung. Betrachten Sie jeden Teller als heilig. Folgen Sie Ihrem Atem, damit Ihr Geist nicht abschweift. Versuchen Sie nicht, sich zu beeilen, um die Arbeit hinter sich zu bringen. Betrachten Sie den Abwasch als das Wichtigste auf der Welt. Abwaschen ist Meditation. Wenn Sie nicht achtsam abwaschen können, können Sie auch nicht meditieren, wenn Sie still sitzen. |
| Die Art und Weise, wie hier der Abwasch beschrieben ist, ist auf jede Handlung in Ihrem Alltag übertragbar. |

### Die formelle Praxis

Daneben gibt es die formelle Praxis mit Übungen, die mehr Zeit erfordern. Bei diesen oft besonders wirkungsvollen Techniken suchen wir einen möglichst ruhigen Ort auf, nehmen eine bestimmte Position ein und verfolgen eine vorher gewählte Übung. Sie werden in diesem Kapitel beide Arten von Übungen kennenlernen.

> Praktizieren Sie mindestens 5 Minuten am Tag Achtsamkeitstechniken. Fangen Sie am Anfang mit kleinen Schritten an und lassen Sie die Techniken zur Gewohnheit in Ihrem Leben werden. Besonders wirksam ist es, wenn Sie jeden Tag meditieren.

Der heilige Franz von Sales sagte im 16. Jahrhundert: »Nimm Dir jeden Tag eine Stunde Zeit zur Stille, außer wenn Du keine Zeit hast – dann nimm Dir zwei.«

## Die Meditationsgrundhaltung

Einige der in diesem und dem nächsten Kapitel beschriebenen Techniken sind Meditationsübungen, die jeweils den gleichen Anfang haben. Dieser Anfang, den wir Meditationsgrundhaltung nennen, wird hier vorab dargestellt. Sie können diese Grundhaltung auch als für sich stehende Übung nutzen.

Wenn Sie auf einem Stuhl sitzen, stellen Sie die Füße gerade auf den Boden, die Knie sind schulterbreit voneinander entfernt. Die Hände ruhen auf den Knien oder Oberschenkeln. Sitzen Sie auf einer Bettkante, sollten die Knie tiefer oder zumindest auf Höhe der Hüfte sein. Wenn Sie am Boden auf einem Kissen in einer Art Schneidersitz sitzen wollen, sitzen Sie so hoch, dass beide Knie den Boden berühren.

- Wir sitzen entspannt und gleichzeitig aufrecht. Die Augen sind geschlossen oder auf den Boden gerichtet, ohne den Blick auf etwas zu fokussieren. Wir atmen ein Mal tief in den Bauch ein und aus. Wir entspannen bewusst unsere Gesichtsmuskulatur, auch die Stirn. Den Kiefer lassen wir locker. Wir entspannen die Schultern, lassen diese dafür einfach los. Sie können auch ein Mal die Schultern nach oben und hinten rollen, um mögliche Spannung zu lösen. Das Kinn wird ein wenig nach unten und hinten geschoben.
- Die Konzentration ist auf den Atem gerichtet, was immer dies für Sie bedeutet: Manche Menschen spüren ihren Atem am besten an der Nase, manche im Brustraum, andere im Bauch. Wir versuchen, unsere Aufmerksamkeit beim Atem zu lassen, nehmen wahr, wie er von alleine ein- und ausströmt. Wir spüren den Atem, als würden wir diesen zum ersten Mal wahrnehmen, also mit größtmöglicher Neugierde und Offenheit. Wir sitzen ein paar Minuten mit der Aufmerksamkeit beim Atem, entspannt und gleichzeitig hellwach.
- Sobald ein Gedanke kommt, beobachten wir ihn für einen Moment, ohne nach-zu-denken, also ohne den Gedanken weiter zu verfolgen, und lassen ihn dann los. Für manche Menschen ist es hilfreich, sich vorzustellen, den Gedanken auf eine Wolke zu setzen und dann zuzuschauen, wie die-

se Wolke vorüberzieht, bis der nächste Gedanke kommt, den wir wieder auf eine Wolke setzen. Es nützt nichts, sich vorzunehmen, nicht zu denken, oder Gedanken verhindern zu wollen. Das wird nicht gelingen. Stattdessen können Sie sich bewusst dafür entscheiden, aufkommende Gedanken nicht weiter zu verfolgen. Manchen Menschen hilft auch das Bild eines Bahnhofs: Ein Gedanke ist wie ein Zug, der hereinfährt. Wenn wir nicht einsteigen, fährt er einfach wieder weg. Wenn Sie bemerken, dass Sie die Aufmerksamkeit auf den Atem verlassen haben und sich mit Gedanken beschäftigt haben, ist dies ein Moment der Bewusstheit und der Achtsamkeit. Sie können mit diesem Bewusstsein nun die Aufmerksamkeit wieder voll auf den Atem richten. Mit der gerichteten Aufmerksamkeit trainieren Sie Konzentration. Indem Sie bemerken, dass Sie nicht mehr konzentriert sind, innehalten und zum gegenwärtigen Moment zurückkehren, trainieren Sie Achtsamkeit.

Warum wird diese Übung gemacht? Regelmäßiges Meditieren, wie in der Grundhaltung beschrieben, führt über einen längeren Zeitraum zu einem konzentrierten, ruhigen und klaren Geist. Ein klassisches Bild hierfür: Der unruhige Zustand des Geistes ist wie Wasser in einem Glas, das kontinuierlich gerührt wird und das durch Schmutzpartikel trübe ist. Wenn wir mit dem Rühren aufhören – also das unaufhörliche Denken beruhigen – setzen sich die Partikel, und die Klarheit erscheint. Achtsamkeit bezeichnet die Klarheit des Geistes.

**BEISPIEL**

Bettina hat einen stressigen Job als Therapeutin. Manchmal fühlt sie sich, als würde sie am Fließband Patienten abfertigen. Sie kann sich am Abend kaum erinnern, mit wem sie tagsüber gesprochen hat. Durch einen einfachen Trick ändert sie dies: Zwischen den Therapiesitzungen plant sie nur 5 Minuten Pause mehr ein und führt in dieser Zeit die Meditationsgrundhaltung durch. Das erfrischt ihren Geist, so dass sie die Menschen viel klarer sehen kann und nicht mehr das Gefühl hat, ohne Pause von Patient zu Patient zu hetzen.

## Gedanken, Gefühle, Körper bewusster wahrnehmen

Unsere Gedanken, unsere Gefühle und unser Körper beeinflussen einander stark.

**BEISPIEL**

Wenn Ihnen der Gedanke kommt: »Die Kollegin hat mich beleidigt!«, entsteht sofort ein entsprechendes Gefühl, z. B. Wut, Scham oder Enttäuschung. Der Körper reagiert darauf etwa mit Anspannung im Bauch oder in den Schultern.

Wenn wir in einer solchen Schleife »gefangen« sind, kann Achtsamkeit diese unterbrechen. Dabei können Sie an jeder Stelle ansetzen:

- die Achtsamkeit auf Ihren Körper richten und die Schultern bewusst loslassen oder
- die Emotion spüren und dann bewusst zu einer anderen Emotion wechseln oder

- den Gedanken als Gedanken wahrnehmen und feststellen, dass es auch andere Interpretationen für das Verhalten der Kollegin geben könnte.

Die bewusste Wahrnehmung aller drei Aspekte – Gedanken, Gefühle und Körper – lässt sich mit unterschiedlichen Achtsamkeitsübungen trainieren.

Achtsamkeit und Präsenz bedeuten auch, Klarheit darüber zu gewinnen, was »da ist«, von Moment zu Moment. Beginnen wir hier bei uns selbst, bei unserem Selbst-Bewusstsein. Versuchen wir, Klarheit darüber zu erlangen, was »bei uns los ist«, genauer gesagt, was gerade in den drei Bereichen passiert:

- was Sie gerade in Ihren **Gedanken** beschäftigt,
- welche **Gefühle** da sind und
- was Sie in Ihrem **Körper** wahrnehmen können.

Erfahrungsgemäß hat jeder Mensch einen Zugang zu diesen drei Bereichen, wobei diese typischerweise unterschiedlich stark ausgeprägt sind. Sie werden das merken, wenn Sie die Übungen ausprobieren. Übungen, die Ihnen schwerfallen, deuten auf ein Lernfeld hin. Beginnen Sie zunächst mit denjenigen Techniken, die Ihnen leichter fallen.

## Techniken, um Gedanken bewusster wahrzunehmen

Unsere Gedanken schweifen häufig ab, was normal ist. Mit den folgenden Achtsamkeitstechniken trainieren Sie Ihre Konzentration und bringen die Gedanken immer wieder zurück ins Hier und Jetzt. Sind Sie in Achtsamkeit oder Konzentration untrainierter, wird es wahrscheinlich etwas länger dauern als bei trainierten Menschen, zu bemerken, dass die Gedanken auf Wanderschaft gegangen sind und ihr Eigenleben haben, wenn Sie sich konzentrieren wollen.

### Orte-Übung

Atmen Sie tief ein und aus. Gehen Sie gedanklich zu folgenden Orten und verweilen Sie dort jeweils einen Moment: zu Ihrem rechten Fuß. Pause. Zu Ihrem linken Auge. Pause. Zur Spitze des Empire State Building in New York. Pause. In die Wüste Sahara. Pause. Zum Nordpol. Pause. In den Raum, in dem Sie sich befinden.

Was haben Sie erlebt? Ein paar der zentralen Lernerfahrungen, die diese einfache Übung mit sich bringen kann, sind:

- Wir können unsere Aufmerksamkeit auf alles richten, worauf wir wollen. Sie haben die freie Auswahl.
- Mit manchen Gedanken sind Emotionen direkt verbunden (z. B. Wüste mit Wärme). Durch das Aktivieren bestimmter Gedanken können wir also Emotionen hervorrufen.
- Man kann nur einen Gedanken gleichzeitig denken und sich nur auf eine Sache konzentrieren. Deswegen ist Multitasking auch schwer möglich.

Sie können sich so – mit ein wenig Übung – darauf konzentrieren, bestimmte bevorzugte Gedanken zu denken, und damit Gedanken ersetzen, die Sie nicht denken wollen. Gerade vor dem Einschlafen leiden viele Menschen unter kreisenden Gedanken. Sie können diese unterbrechen. Selbst hartnäckige, immer wiederkehrende Gedanken lassen sich durch kontinuierliches Üben Schritt für Schritt transformieren. So können Sie aus Gedankenspiralen aussteigen.

**BEISPIEL**

Denken Sie beim Abendessen mit Ihrer Familie noch über ein Meeting im Job nach, können Sie diese Gedanken aktiv steuern. Sie können sich entscheiden, Ihre Konzentration gezielt auf etwas anderes im gegenwärtigen Augenblick zu richten, z.B. auf Alltagsthemen, die die Familie betreffen, was sich bei den Kindern in der Schule getan hat oder Ähnliches.

## Emotionen erzeugen

Sie können bestimmte Emotionen erzeugen, indem Sie sich z.B. einen Ort, der für Sie Entspannung und Ruhe bedeutet (etwa eine Bergwiese), vorstellen. Die beruhigende Emotion wird sich mitaktivieren.

## Kontemplation

Machen Sie zwischendurch für ein paar Minuten nichts. Betrachten Sie in Ruhe die Umgebung um Sie herum, ohne etwas erreichen zu müssen. Das nennt man kontemplieren. Dies kann man z.B. tun, indem man im Zug aus dem Fenster schaut oder einfach abends auf dem Sofa sitzt.

## Die Rede zum 80. Geburtstag

Wenn Ihnen klarer wird, was und wer Ihnen wichtig ist im Leben und welche Werte Sie haben, können Sie viel leichter aktiv Ihre Aufmerksamkeit auf die Menschen und Situationen richten, die Ihnen etwas bedeuten. Sie können damit die für Sie weniger relevanten Gedanken ersetzen.

Mit dieser Übung lässt sich gut herausfinden, was Ihnen im Leben wichtig ist und welche Eigenschaften Sie für sich selbst kultivieren wollen:

1. Stellen Sie sich vor, ein guter Freund, der Sie schon lange sowohl privat wie beruflich kennt, hält zu Ihrem 80. Geburtstag eine Rede auf Sie. In dieser Rede beschreibt er, warum er Sie sehr schätzt, welche Eigenschaften Sie ausmachen. Schreiben Sie Stichpunkte der Rede auf, von der Sie sich wünschten, dass er Sie halten würde: Welche Charaktereigenschaften sollte er beschreiben, welche Stationen im Leben, welche Werte soll er betonen? Das Besondere ist: Es geht nicht darum zu überlegen, was er wahrscheinlich sagen würde, sondern darum, was Sie sich wünschten, wie er Ihr Leben beschreiben würde.
2. Im nächsten Schritt reflektieren Sie, was Sie in nächster Zeit tun könnten, damit diese Rede dann tatsächlich gehalten würde. Was sind einzelne Schritte dorthin?

### Konzentrationsübung »Zählen«

Nehmen Sie die Meditationsgrundhaltung ein. Konzentrieren Sie sich auf Ihren Atem, was immer dies für Sie bedeutet. Nun zählen Sie die Atemzüge im Stillen jeweils von 1 bis 10. Bei jeder Ausatmung zählen Sie die nächste Zahl. Wenn Sie bei 10 angekommen sind, beginnen Sie von vorne. Machen Sie dies ein paar Minuten wiederkehrend. Lassen Sie sich nicht entmutigen, wenn Sie von Ihren Gedanken unterbrochen werden; das ist völlig normal. Beginnen Sie dann erneut bei 1. Dies ist eine klassische Meditationsübung, die wirksam die Konzentrationsfähigkeit trainiert und stärkt.

### Ankommen

Wenn Sie von der Arbeit nach Hause kommen, gibt es sicherlich viele Dinge, die Sie erledigen wollen. Nehmen Sie sich dennoch zunächst ein paar Minuten Zeit, in denen Sie einfach nur dasitzen und atmen. Dadurch können Sie wieder zu Kräften kommen und das, was auf Sie wartet, mit mehr Klarheit, Frische und Freude tun. Wenn Sie mögen, denken Sie beim Einatmen »Ankommen«. Spüren Sie dabei, wie es sich anfühlt, im Körper anzukommen. Denken Sie beim Ausatmen »Angekommen«. Lassen Sie dabei gedanklich den Atem über die Sitzbeinhöcker in die Sitzfläche abfließen und spüren Sie, wie es sich anfühlt, ganz im Körper angekommen zu sein. All dies beruhigt unsere Gedanken.

### In Stille sein

Um den reißenden Strom an Gedanken etwas zu beruhigen, um sich auf das Objekt seiner Wahl noch besser konzentrieren zu können, hilft es, ab und zu in Stille zu sein. Nehmen Sie sich eine kleine Auszeit aus der Informationsflut, indem Sie an einem freien Tag ein paar Stunden, vielleicht sogar einen ganzen Tag auf Kommunikation verzichten., d.h. keine Medien nutzen, nicht sprechen, nicht zuhören, nicht lesen und keine Musik hören. Natürlich muss Ihr Umfeld darauf vorbereitet sein, damit man Sie nicht als unhöflich empfindet.

## Techniken, um Gefühle bewusster wahrzunehmen

Je differenzierter Sie Ihre Emotionen benennen können, desto differenzierter können Sie die Palette der gesamten Gefühlswelt empfinden. Je häufiger Sie diese Übungen anwenden, desto gewandter werden Sie im Ausdruck und damit in der Differenziertheit des Fühlens. Das Erkennen und Benennen der eigenen Emotionen ist auch deshalb wichtig, weil es dann leichter fällt, die emotionalen Zustände anderer, z.B. von Kollegen oder Familienmitgliedern, einzuschätzen.

Die folgenden Übungen helfen Ihnen dabei, Ihre Gefühle besser zu erkennen.

## Emotionen differenzieren

Spüren Sie in sich hinein und versuchen Sie, die Gefühle zu benennen, die da sind. Vielen Menschen fällt dies schwer, weil sie sich vielleicht bisher nicht so sehr damit beschäftigt haben. Hier hilft die Grobeinteilung unserer häufigsten Gefühle: traurig – verärgert – zufrieden, was im Englischen noch einfacher zu merken ist: sad – mad – glad.

Versuchen Sie zudem einmal, die Facetten Ihrer Emotion wahrzunehmen. Wie würden Sie die Emotion beschreiben? Erfahrungsgemäß hilft die folgende Listung von Emotionen – es sind Ausdifferenzierungen der acht wesentlichen Emotionen – bei der Übung, differenziert über die eigenen Empfindungen zu reflektieren.

| Freude | Überraschung | Akzeptanz | Erwartung |
|---|---|---|---|
| begeistert | bereichert | angenommen | enthusiastisch |
| dankbar | energetisiert | beschützt | erregt |
| erfüllt | erstaunt | frei | erwartungsvoll |
| erheitert | geehrt | friedlich | fasziniert |
| fröhlich | gerührt | geborgen | gebannt |
| glücklich | überrascht | geliebt | inspiriert |
| heiter | | gewürdigt | motiviert |
| lustig | | sicher | mutig |
| vergnügt | | verstanden | neugierig |
| zufrieden | | | optimistisch |
| | | | zuversichtlich |

| Furcht | Ärger | Traurigkeit | Ekel |
|---|---|---|---|
| alarmiert | aggressiv | allein gelassen | abgeneigt |
| ängstlich | eifersüchtig | bedrückt | angeekelt |
| bedroht | entrüstet | deprimiert | beschämt |
| eingeengt | frustriert | einsam | gehemmt |
| erschrocken | geladen | elend | geschockt |
| hilflos | hasserfüllt | enttäuscht | irritiert |
| hoffnungslos | sauer | melancholisch | unwohl |
| verunsichert | verärgert | niedergeschlagen | |
| panisch | wütend | resigniert | |
| | | sorgenvoll | |

In Anlehnung an Plutchik (1980), Ekman (1982), Kashtan and Kasthan (2008) und Al Weckert (2011)

## Konkrete Gefühle artikulieren

Antworten Sie jedes Mal, wenn Sie von einer Ihnen nahestehenden Person gefragt werden, wie es Ihnen geht, nicht einfach mit »gut« oder »schlecht«, sondern mit einer Emotion aus der Tabelle oben, z.B. mit: »Ich bin etwas niedergeschlagen«, oder: »Ich bin erfreut über diese Begegnung«. Seien Sie mit dieser Übung im Arbeitskontext jedoch vorsichtig. Wenn nur aus Höflichkeit nach Ihrem Wohlbefinden gefragt wird, können Sie mit einer ehrlichen Antwort Verwirrung hervorrufen.

## Bei Anruf Gefühl

Machen Sie sich immer dann, wenn das Telefon klingelt, kurz bewusst, wie es Ihnen geht bzw. wie es Ihnen ging, bevor es klingelte. Das Telefonklingeln nutzen Sie dabei lediglich als einen wiederkehrender Hinweiston, der Sie daran erinnern soll, ab und zu in sich hineinzuspüren und zu entdecken, welche Emotion gerade vorhanden ist.

## Schreiben, schreiben, schreiben

Unsere Gefühle in Worte zu fassen, fällt uns auch deswegen so schwer, weil sie oft vage und unklar erscheinen. Das ist auch nicht verwunderlich, da sie in demjenigen Teil des Gehirns entstehen, der »wortlos« ist. Eine überraschend wirksame Übung, um seine Gefühle besser artikulieren zu können, ist das Darauflosschreiben. Mit dieser Übung stellen Sie, vereinfacht gesagt, die Verbindung zwischen dem sprachlosen »emotionalen« Teil des Gehirns (dem limbischen System) und dem wortgewandten »denkenden« Teil des Gehirns (dem Cortex) her.

Führen Sie beim Schreiben einfache Sätze zu Ende (Beispiele: »Was mich freut ist, ...«, »Heute ist ein Tag, der ...«, »Was mich nervt, ist ...«, »Ich wünschte, ...«). Schreiben Sie 3 bis 4 Minuten, ohne den Stift abzusetzen. Hören Sie nicht auf. Wenn Ihnen nichts mehr einfällt, schreiben Sie einfach, dass Ihnen nichts mehr einfällt. Wir empfehlen, Stift und Papier zu nutzen statt eines technischen Geräts.

## Lächeln

Lächeln Sie bewusst zwischendurch am Tag. Durch die Aktivierung der entsprechenden Lachmuskeln im Gesicht schüttet der Körper Hormone aus, die für positive Stimmung sorgen. Es mag albern klingen, aber fangen Sie damit an, wenn Sie sich morgens im Spiegel anschauen. Nehmen Sie die Veränderung wahr.

Haben Sie Ihren Emotionen nachgespürt und sie identifiziert, können Sie im nächsten Schritt lernen, sie zu regulieren, um sie in den Dienst der eigenen Ziele und Absichten zu stellen. Welche Techniken es dazu gibt, lesen Sie im Kapitel »Unachtsame Haltungen ändern«.

## Techniken, um unseren Körper bewusster wahrzunehmen

Körperübungen sind genauso wichtig wie mentale Übungen. Der Körper ist das beste »Objekt«, um uns immer wieder in den gegenwärtigen Augenblick zu holen. Unser Körper kennt nur das Hier und Jetzt. So passiert jeder Atemzug jetzt und nur jetzt. Dies ist ein Grund, warum Meditationsübungen häufig den Atem in den Fokus der Konzentration stellen.

Um den Körper bewusst wahrzunehmen, zielen viele Übungen darauf ab, Körperempfindungen wahrzunehmen und zu benennen (z. B. ob die Füße sich warm oder kalt anfühlen), und damit mehr Körperintelligenz zu entwickeln. Hierzu eignen sich Übungen, die Sie wiederholt und am besten mit Anleitung durchführen, wie z. B. Yoga oder der sog. Bodyscan.

## Gehmeditation

Die Gehmeditation (in Anlehnung an Stahl & Goldstein, 2010) ist eine Meditation in Bewegung. Dabei handelt es sich nicht etwa um eine neue Art des Gehens, sondern darum, jeden Schritt bewusst zu erleben und ganz bei seiner Bewegung, seinem Atem und den Körperempfindungen zu sein. Gehmeditation ist Gehen ohne Ziel. Es geht nicht darum anzukommen, sondern darum, im Gehen zu sein.

Wählen Sie eine Zeit und einen Ort, an dem Sie möglichst ungestört sind und an dem Sie ausreichend Platz haben, um im Kreis oder auf und ab zu gehen. Wenige Meter sind völlig ausreichend. Es kommt nicht auf den Ort an, sondern allein auf die Wahrnehmung Ihrer Bewegung.

- Stellen Sie sich aufrecht hin in einer Haltung, die für Sie Würde verkörpert: Der Kopf ist aufgerichtet und der Nacken lang, der Rücken gerade und die Knie und Schultern sind locker.
- Spüren Sie in dieser Ruheposition den Kontakt Ihrer Füße zum Boden; Sie können eine leichte Pendelbewegung nach vorne und hinten und/oder nach links und rechts entstehen lassen, um Ihr Gleichgewicht in der Mitte zu finden.
- Verlagern Sie dann das Gewicht auf ein Bein. Heben Sie den anderen Fuß, bewegen ihn nach vorne, setzen ihn wieder ab und verlagern Ihr Gewicht auf ihn. Gehen Sie langsam auf diese Weise. Finden Sie beim Gehen Ihren eigenen ruhigen Rhythmus, in dem Sie möglichst achtsam bei sich und Ihren Schritten sein können.

- Nehmen Sie ganz bewusst jeden Schritt und alle damit verbundenen Empfindungen wahr, ohne sie zu beurteilen oder zu bewerten. Spüren Sie Ihren Atem und Ihren Körper. Wenn Sie möchten, können Sie auch ein leichtes Lächeln entstehen lassen.
- Falls Sie die Richtung wechseln, tun Sie auch dies ganz bewusst und achtsam. Wenn Sie beim Gehen eine Pause einfügen möchten und den Körper als Ganzen spüren, bleiben Sie einfach stehen.
- Wenn Ihre Gedanken abschweifen, bringen Sie sie ohne zu urteilen zurück zu Ihrem Atem und Ihren Schritten.
- Sie können auch mit dem Tempo Ihrer Schritte experimentieren und wahrnehmen, wie Ihr Geist auf die Veränderung reagiert. Werden Sie sich des Wunders des Gehens bewusst – wie selbstverständlich wir es häufig nehmen.
- Verweilen Sie am Ende noch ein wenig in der Ruheposition. Spüren Sie Ihren Körper als Ganzes und folgen Sie Ihrem Atem.

## Bodyscan

Eine weitere klassische Körperwahrnehmungsübung ist der Bodyscan. Anders als Körperentspannungsübungen dient er dazu, den eigenen Körper besser kennenzulernen und wahrzunehmen. Wir erklären Ihnen im Folgenden den Bodyscan, für den Sie sich mindestens eine halbe Stunde Zeit nehmen sollten. Einfacher ist es allerdings, ihn mit einer Audio-Datei zu üben (eine solche Datei finden Sie unter www.mindfulinberlin.de).

Nehmen Sie eine bequeme Haltung im Liegen ein. Die Arme liegen seitlich neben dem Körper, die Handflächen sind nach oben gerichtet. Die Beine liegen hüftbreit nebeneinander; die Füße fallen auseinander. Schließen Sie die Augen. Spüren Sie den Kontakt Ihres Körpers zur Unterlage – die Fersen, die Unterschenkel, die Oberschenkel, die Arme, der Rücken, der Hinterkopf. Gehen Sie Schritt für Schritt durch den Körper und richten Sie Ihre Aufmerksamkeit auf die entsprechenden Regionen. Es gibt nichts zu tun und nichts zu erreichen. Es ist weniger bedeutsam, was Sie empfinden; entscheidend ist die Qualität Ihrer Aufmerksamkeit: neugierig und annehmend. Gedankenschweifen ist normal, versuchen Sie das nicht zu beurteilen, sondern nur wahrzunehmen. Bringen Sie Ihre Aufmerksamkeit zurück zu der entsprechenden Körperregion.

Beginnen Sie mit Ihrem linken Bein: Nehmen Sie es und alle Empfindungen in dieser Region wahr. Richten Sie Ihre Aufmerksamkeit für einige Sekunden auf einzelne Teile Ihres Beins. Nehmen Sie die einzelnen Zehen wahr, ohne sie zu bewegen. Sollten Sie sie nicht spüren, nehmen Sie das wahr. Verlagern Sie dann Ihre Aufmerksamkeit auf die Fußsohle und alle anderen Teile des Beins. Spüren Sie die Haut, die Muskulatur, tief hinein bis zu dem Knochen.

Lassen Sie dann Ihre Aufmerksamkeit in gleicher Weise durch die anderen Teile Ihres Körpers gleiten:

- rechtes Bein
- Gesäß/Rumpf/Rücken

- Bauch/Brust
- linker Arm
- rechter Arm
- Hals und Kopf

Seien Sie dabei in der Wahrnehmung der Körperteile so differenziert wie möglich. Unterscheiden Sie bei Gesäß/Rumpf/ Rücken etwa den Beckenboden, die linke und rechte Beckenseite und den Raum dazwischen, die Genitalien, den Anus, das Steißbein, Kreuzbein, den unteren Rücken, den mittleren Rücken, den oberen Rücken, die Schulterblätter und den Raum zwischen den Schulterblättern. Spüren Sie schließlich den ganzen Rücken von den Schultern bis zum Steißbein. Nehmen Sie jede Empfindung wahr und nehmen Sie alles an, ohne etwas verändern zu wollen. Spüren Sie mit jedem Atemzug die Kostbarkeit des gegenwärtigen Moments.

Nachdem Sie alle Teile Ihres Körpers bewusst wahrgenommen haben, richten Sie Ihre Aufmerksamkeit auf den Körper als Ganzes. Spüren Sie den Kontakt mit der Unterlage, mit der Kleidung, mit der Luft, die Sie umgibt. Öffnen Sie Ihre Augen und nehmen Sie den Raum wahr, in dem Sie sich befinden. Setzen Sie sich schließlich langsam wieder auf. Bleiben Sie in der Ruhe und Zentriertheit, wenn Sie sich gleich wieder den Dingen in Ihrem Alltag zuwenden.

## Einfaches Einatmen

Wir atmen ca. 18 Mal pro Minute ein und aus, also ungefähr 26.000 Mal am Tag. Das geschieht automatisch; wir nehmen unser Atmen gewöhnlich als selbstverständlich wahr. Atmen Sie einmal sehr tief und bewusst ein, so dass sich der Bauch anhebt. Beobachten Sie dann, ob Sie sich direkt danach etwas frischer fühlen. Der Sauerstoff, der dadurch vermehrt ins Gehirn und den Körper gelangt, erfrischt den Körper normalerweise sofort. Atmen Sie dann langsam wieder aus. Wiederholen Sie dies zweimal. Wenn Sie diese einfache Übung nur einmal am Tag durchführen, trainieren Sie bereits Ihre Achtsamkeit.

## Zwei Atemzyklen

Setzen Sie sich aufrecht hin und atmen Sie tief ein und aus. Beobachten Sie Ihren Atem dort, wo Sie ihn am besten wahrnehmen. Nun konzentrieren Sie sich auf einen Atemzyklus: Atmen Sie aufmerksam ein und aus, ohne den Atem zu manipulieren. Nehmen Sie wahr, ob die Luft bei der Einatmung kühler ist als bei der Ausatmung, wie sich der Körper bei der Einatmung ausdehnt, wie sich der Körper anfühlt, wenn Sie ruhig und tief ein- und ausatmen. Nehmen Sie die kurze Pause nach der Ausatmung wahr. Versuchen Sie, zwei Atemzyklen lang die Aufmerksamkeit auf der Atmung zu lassen und lassen Sie aufkommende Gedanken vorbeigehen.

## Kontrolliertes Atmen

Kontrollierte Atmung erhöht das Bewusstsein für den Körper und kann sich positiv auf die Gesundheit auswirken. Setzen Sie sich in die Meditationsgrundhaltung. Zählen Sie beim Einatmen langsam bis 5. Wenn Sie bei 5 angekommen sind, atmen Sie aus und zählen Sie dabei ebenfalls langsam bis 5. Nach demselben Prinzip geht es weiter: einatmen und bis 6 zählen, ausatmen und ebenfalls bis 6 zählen etc. Sie können dies bis zur Zahl 9 oder noch weiter fortführen.

Achten Sie darauf, dass Sie gelassen bleiben und sich der Körper nicht anspannt. Achten Sie auch darauf, dass die Atmung sehr gleichmäßig bleibt und Sie nicht ruckartig ein- oder ausatmen oder zum Ende der Ausatmung pressen. Wenn Sie zu Beginn merken, dass Sie nur bis zur Zahl 6 mühelos ein- und ausatmen können, bleiben Sie einfach bei 6 und gehen Sie erst beim nächsten Mal weiter. Sie werden im Lauf der Zeit merken, dass es Ihnen immer leichter fällt, tiefer ein- und auszuatmen. Sie werden nach wenigen Wochen kontinuierlichen Trainings beim Ein- und Ausatmen jeweils mühelos bis 12 zählen können. Diese Übung zählt zum Pranayama, der kontrollierten Atmung im Yoga. Wenn Sie sich dabei unwohl, z.B. schwindelig, fühlen, hören Sie lieber auf; suchen Sie sich einen erfahrenen Yoga-Lehrer, der Ihnen die Details des Pranayamas beibringt.

### Typische Anspannungen lockern

Richten Sie Ihre Aufmerksamkeit auf Ihre Schultern. Lassen Sie sie bewusst los oder ziehen Sie sie erst hoch und lassen Sie sie dann bewusst fallen, evt. kombiniert mit einer tiefen Ausatmung oder Schulterkreisen. Das kostet Sie nur wenige Sekunden, hat aber einen großen Effekt; u.a. entspannt die Übung die Nackenmuskulatur, die manchmal für Kopfschmerzen verantwortlich ist. Machen Sie diese Übung mehrmals am Tag, insbesondere wenn Sie viel am Computer arbeiten.

### Gönnen Sie Ihrem Körper etwas Gutes

Gehen Sie gelegentlich in die Sauna und zur Massage. Nehmen Sie ein Bad oder tun Sie Dinge, die Sie bzw. Ihr Körper genießen. Jeder Mensch entspannt sich anders, abhängig von Konstitution und Interesse. Tun Sie häufiger das, was Ihnen einfach gut tut, um den Parasympathikus zu aktivieren und sich selbst zu entspannen (vgl. das Kapitel »Was Achtsamkeitstechniken in uns bewirken«).

### Hui Chung Gong-Übung (Rückkehr des Frühlings)

Diese einfache Übung aus der chinesischen Bewegungs- und Meditationsform Qigong aktiviert den Körper und hilft, ihn besser zu spüren. Stellen Sie sich aufrecht hin, mit den Füßen fest am Boden, die Beine schulterbreit auseinander. Die Arme hängen entspannt herab. Atmen Sie tief ein und sinken Sie bei der Ausatmung in den Knien herab, wobei der Oberkörper aufrecht bleibt. Entspannen Sie bei der Ausatmung bewusst alle Muskeln. Beginnen Sie mit einer wippenden Auf- und Abbewegung des Körpers, die aus den Kniekehlen heraus kommt. Die Fußsohlen bleiben fest auf dem Boden. Die wippende Bewegung geht nur von den Kniegelenken aus; die Schultern bleiben entspannt und werden nicht hochgezogen. Die Arme schwingen automatisch locker mit der Bewegung mit, ohne dass sie bewusst bewegt werden. Auch der Atem wird sich von selbst dem Rhythmus anpassen. Führen Sie 164 solcher Wippbewegungen hintereinander aus (Hackl, 2013). Die leicht schüttelnde

Bewegung befreit den Körper von inneren Verklebungen des Bindegewebes und wirkt kräftigend.

> Führen Sie diese Übung nicht durch, wenn Sie schwanger sind.

### Yoga-Übungen

Yoga-Übungen sind sehr gut geeignet, um die eigene Körperwahrnehmung zu intensivieren. Sie unterstützen die Achtsamkeitspraxis. Da in fast jedem größeren Ort mittlerweile Yogaschulen (z. B. Ashtanga, Iyengar) zu finden sind, verzichten wir an dieser Stelle auf Beschreibungen entsprechender Übungen.

# Unachtsame Haltungen ändern

Am Anfang dieses TaschenGuides haben Sie die sog. unachtsamen Haltungen Ablehnung, Verlangen und Ignoranz kennengelernt. Die folgenden Techniken unterstützen Sie dabei, sie in achtsame Haltungen zu transformieren.

## Umgang mit Dingen, die wir ablehnen

Neben den großen Problemen in unserem Leben – z. B. schweren Krankheiten oder einem stressigen oder verlorenen Job – hat jeder Mensch kleinere, die wir bei genauerer Betrachtung selbst auch als klein erkennen könnten. In dem Moment, in dem uns das Problem begegnet, erscheint es uns aber oft als groß: Der Fernseher funktioniert nicht, wir haben den Bus verpasst oder stehen im Stau, wir bekommen negatives Feedback oder sind mit einem Kollegen unzufrieden usw. Schon aus relativ nichtigem Anlass können wir uns dann mächtig ärgern. Natürlich hat jeder das Recht, sich zu ärgern, und manchmal leiden wir unter Dingen, die andere als Kleinigkeiten wahrnehmen. Worunter Menschen leiden, ist höchst subjektiv. Nicht die Dinge an sich sind es jedoch, die uns ärgern, sondern unsere Perspektive bzw. die Art und Weise, wie wir sie betrachten oder mit ihnen umgehen. Die folgenden Techniken unterstützen Sie dabei, weniger verärgert mit schwierigen Situationen umzugehen und ruhiger zu bleiben.

## Love it – Change it – Leave it

Immer wieder geraten wir in Situationen, die uns nicht gefallen: Ein Kollege oder Freund kritisiert uns; wir haben keine Arbeit oder sind nicht zufrieden mit dem Job, den wir haben; wir haben keine glückliche Beziehung oder verstehen uns nicht mit unseren Eltern. In solchen Situationen bietet sich die Strategie »Love it – Change it – Leave it« an. Mit ihrer Hilfe ist man in der Lage zu sehen, dass man in jeder Situation mindestens die folgenden Wahlmöglichkeiten hat:

- Love it (Akzeptieren): Wir können die Situation so akzeptieren, wie sie ist, z.B. indem wir anders auf sie blicken, bzw. ihr durch die Einsicht, dass die Situation zwar jetzt leidvoll ist, aber insgesamt positive Konsequenzen mit sich bringt, weniger Widerstand entgegenstellen.
- Change it (Ändern): Wir können versuchen, etwas an der Situation zu verändern; etwa etwas ansprechen, was uns ärgert

oder Bedingungen verändern, z. B. den Kollegen bitten, leiser zu telefonieren.

- Leave it (Verlassen): Oft können wir aus der Situation treten, z. B. das ungeliebte Familienfest nicht mitfeiern oder einen Job, in dem wir unglücklich sind, wechseln.

Viktor Frankl, ein bedeutender österreichischer Neurologe und Psychiater des 20. Jahrhunderts, beschrieb unsere Wahlfreiheit so: »Zwischen Reiz und Reaktion gibt es einen Raum. In diesem Raum haben wir die Freiheit und die Macht, unsere Reaktion zu wählen. In unserer Reaktion liegen unser Wachstum und unsere Zufriedenheit.« Mit anderen Worten: Wir können – z. B. durch Achtsamkeitspraxis – den Raum zwischen Reiz und Reaktion immer mehr erweitern und dahin kommen, in jedem Moment frei zu entscheiden, wie wir auf das reagieren, was uns das Leben bringt. Nur wir selbst entscheiden, ob wir uns ärgern, uns Sorgen machen oder ob wir die Situation so akzeptieren, wie sie ist. Viktor Frankl dokumentierte diese Beobachtung als Gefangener im Konzentrationslager Auschwitz. Selbst in dieser unmenschlichsten aller Umgebungen sah er die Wahlmöglichkeit, hassvoll und verbittert zu werden oder die Wärter weiter als Menschen zu sehen (Frankl, 2006).

**BEISPIEL**

Gottfried, 41, verliert schon immer Dinge. Schlüssel, Geldbeutel, Bankkarten und vieles mehr. Einmal hat er sogar eine von seiner Schwester prall gefüllte Tüte mit selbstgebastelten Weihnachtsgeschenken auf dem Bahnsteig vergessen. Natürlich ärgerte er sich bei all diesen Gelegenheiten immer maßlos über sich selbst, dass ihm so etwas passiert. Irgendwann realisierte er allerdings, dass all der Ärger über sich selbst nicht verhinderte, dass ihm dies immer wieder passierte. Inzwischen nutzt er ein mentales Budget zum Ersatz verlorener Dinge. Wenn er bemerkt, dass seine Bankkarte mal wieder im Ticketautomaten steckt, während er schon in der abfahrenden U-Bahn sitzt, atmet er tief ein und sein Ärger beschränkt sich auf einen kurzen Moment. Wenn sich die Karte nicht mehr findet, sperrt er die alte, bestellt eine neue Karte – und bucht die 10 Euro von seinem mentalen Budget ab.

## Offenheit und Freundlichkeit gegenüber dem Ärger

Manchmal wollen oder können wir Ärger oder Angst nicht loslassen. Wir beschäftigen uns fortwährend damit. Wir können uns aber dazu entscheiden, diesen Gefühlen mit Freundlichkeit, Neugierde und Offenheit zu begegnen. Das Annehmen des Gefühls und das Benennen sind hier sehr kraftvoll, z. B.: »Ich bin jetzt ängstlich und kann dies nicht ändern«. Damit werden wir anders mit dem Problem umgehen, da wir durch das Benennen eine Art Distanz schaffen und auch eine Verbindung zwischen dem »emotionalen« Gehirn und dem »denkenden« Teil des Gehirns herstellen, womit wir wiederum die Selbstregulationsfähigkeiten stärken.

## Ungesunde Gefühle wie kleine Monster behandeln

Betrachten Sie ungesunde Gefühle, wie Ungeduld, Neid oder Wut, die immer wiederkehren, wie kleine Monster, die Sie bereits kennen. Was absurd klingt, hat eine Wirkung: Durch das Benennen und Personifizieren verlieren manche Gefühle wie von selbst an Kraft.

## Das Bedürfnis hinter dem Gefühl entdecken

Fragen Sie sich, was das Bedürfnis hinter dem Gefühl ist und wie Sie diesem nachkommen können. Bei der Wut über den Partner, der einige Minuten zu spät kommt, könnte dies z. B. das Bedürfnis nach Wertschätzung sein. Überlegen Sie einmal, ob der Partner Ihr Bedürfnis auf andere Weise befriedigt: Vielleicht bringt Ihnen Ihr Partner auf andere Art Wertschätzung entgegen, was Sie aus Wut sonst gar nicht mehr wahrnehmen.

## Wem schadet das Gift?

Machen Sie sich klar: Wem schaden Sie, wenn Sie sich ärgern? Sich über andere zu ärgern, ist wie *selbst* Gift trinken in der Hoffnung, dass sich dabei der *andere* vergiftet. Das Bewusstsein darüber kann heilsam sein.

## Komfortzone verlassen

Sehen Sie Dinge, die Sie unangenehm oder schwierig finden, als Herausforderung, als eine Möglichkeit, daran zu wachsen und zu lernen. Machen Sie sich klar, dass die interessanten Dinge in unserem Leben meist außerhalb unserer Komfortzone passieren. Wenn Sie die aktuelle Situation nutzen, um zu lernen, fällt es Ihnen vielleicht leichter, mit der nächsten schwierigen Situation besser umzugehen.

## In Relation sehen

Setzen Sie die Dinge, über die Sie sich ärgern, in Verhältnis zu den Dingen, die Ihnen wirklich wichtig sind, z. B. Ihre Familie, gute Freunde, Ihre Gesundheit. Fragen Sie sich: Wie schwerwiegend würde Ihnen das aktuelle Problem noch erscheinen, wenn Sie gerade eine schlechte Nachricht in Bezug auf Ihre Familie oder Ihre Gesundheit bekommen hätten? Dankbarkeit für die schönen Aspekte dieser wichtigen Dinge in Ihrem Leben kann den Ärger stark in den Hintergrund rücken lassen.

### Vogelperspektive einnehmen

Bei Problemen und Schwierigkeiten kann es helfen, Ihr Leben aus der Vogelperspektive zu betrachten. Wie gravierend werden Sie die Situation in einer Woche, vielleicht auch schon in einer Stunde einschätzen?

### Positive Konsequenzen einbeziehen

Überlegen Sie sich, warum Ihnen gerade jetzt dieses Problem geschieht und fragen Sie sich: Kann ich etwas aus der Situation lernen? Hat das, was ich jetzt schlecht finde auch positive Seiten? So kann es z. B. sogar gut sein, den Bus verpasst zu haben, da Sie sonst nicht Ihren alten Chef wiedergetroffen hätten, der Sie auf eine neue Lösungsidee für ein Problem in Ihrem Job gebracht hat.

### Sorgen als Elefanten entlarven

Durchschnittlich 92 % aller Sorgen erweisen sich laut einer Studie als unbegründet. 92 %, d. h. mehr als 9 von 10 Sorgen, die Sie sich machen, sind völlig unnötig (Langenscheidt, Strategisches Center für Entrepreneurship).

Kennen Sie die Geschichte von dem Mann, der in der Innenstadt Elefanten vertreibt? Er geht durch die Fußgängerzone und macht wilde Handbewegungen und laute Geräusche wie »schuschuschuh«. Jemand fragt ihn: »Was machen Sie hier?« Er sagt: »Ich vertreibe Elefanten.« »Aber es gibt hier doch keine.« Der Mann erwidert: »Eben!« Wenn wir überzeugt davon sind, dass unser Sorgenmachen mit unserem späteren Erfolg zusammenhängt, werden wir damit nicht aufhören. In Wirklichkeit vertreiben wir damit meist nur Elefanten, die sowieso nicht da sind.

Machen Sie sich daher klar: Sie sind nicht erfolgreich, **weil** Sie sich so viel Gedanken machen, sondern **obwohl** Sie sich Sorgen machen. Sorgen in unserem Kopf kreisen zu lassen, ist etwas anderes, als sich gut vorzubereiten. Sie können sich z. B. überlegen, welche Einwände auf Ihre Argumente kommen und wie Sie damit umgehen könnten. Aber nachdem Sie darüber nachgedacht haben, lassen Sie Ihren Kopf wieder ruhen.

Viele Berufstätige – egal ob sie sich als erfolgreich empfinden oder nicht – machen sich nachts Gedanken um den nächsten Tag: den Anruf vom Chef, den man erwartet, die Präsentation vor der Belegschaft etc. Und am nächsten Tag tun sie, was sie tun müssen – egal, ob sie sich vorher die Nacht darüber Gedanken gemacht haben oder nicht. Denken Sie sich nach einer Situation, die Ihnen bevorstand: »Heute ist der Tag, vor dem ich gestern Angst hatte.«

> Die hier genannten Tipps und Techniken sollen den Umgang mit kleineren Problemen des Alltags erleichtern. Bei schwerwiegenden Erlebnissen oder traumatischen Situationen ist eventuell therapeutische Hilfe nötig. Die dargestellten Techniken können auch in diesen Situationen unterstützen, aber kein Ersatz für professionelle Hilfe sein.

## Umgang mit Dingen, die wir verlangen

Kaum jemand in unserer Gesellschaft ist einfach mit dem zufrieden, was er oder sie hat. Es gibt verschiedene Dinge, die Menschen haben wollen: bestimmte Speisen und Getränke, Produkte, Geld, Macht, Ruhm, Schönheit, sexuellen Status, Ablenkung oder geistige Nahrung über Medien. Unser Wirtschaftsmodell basiert auf Wachstum, das ständig wachsenden Konsum mit einschließt. Die Werbung suggeriert uns, dass wir beliebter, erfolgreicher und schöner sein werden, wenn wir unser Auto durch ein neues ersetzen oder unser eckiges Smartphone durch ein neues abgerundetes. Es gibt meist eine lange Liste von Dingen, die wir gerne hätten. Oft ist uns der Konsum so selbstverständlich, dass wir nicht hinterfragen, ob wir das, was wir gerade konsumieren, wirklich brauchen oder wollen.

**BEISPIEL**

Ist es Ihnen auch schon so ergangen, dass Sie gedankenlos eine Tafel Schokolade oder eine Tüte Chips einfach so gegessen haben? Kennen Sie die Situation, dass Sie an einem Dokument arbeiten, um dann ganz plötzlich und ohne ersichtlichen Grund zu Ihren E-Mails oder den Online-Nachrichten zu wechseln?

Die folgenden Tipps helfen, Dinge bewusster zu konsumieren.

### Ersetzen Sie Dinge anstatt sie anzuhäufen

Ein effektiver Trick gegen zu viel Konsum ist folgender: Stellen Sie die Regel für sich selbst auf, dass Sie z.B. für jedes Kleidungsstück, das Sie kaufen, ein anderes – oder sogar zwei – weggeben.

### Schauen Sie tief in sich, wann Konsum glücklich macht

Gehen Sie nach einem Einkauf in sich und fragen Sie sich, was genau Sie daran glücklich gemacht hat, ob der Einkauf die Befriedigung mit sich bringt, die Sie sich erhofften. Beobachten Sie, wie lange es dauert, bis sich Ihr Wunsch nach anderen Dingen wieder meldet.

### Entziehen Sie sich der Werbung

Werbung ist wirkungsvoll und mächtiger, als wir uns mit der Vorstellung unseres freien Willens eingestehen wollen – wäre dem nicht so, würden Unternehmen nicht jährlich Milliarden darin investieren. Um es einfacher zu machen, bewusster zu konsumieren, kann es daher sehr hilfreich sein, sich der Werbung ein Stück weit zu entziehen. Wir können Newsletter abbestellen, unseren Briefkasten mit einem »Werbung: Nein Danke!«-Aufkleber verzieren, das Autoradio bei Werbung auf einen anderen Sender stellen, den Fernseher in Werbepausen stummschalten oder sogar den Blick senken, wenn wir durch eine Einkaufsstraße gehen, die voll mit Werbeplakaten ist.

## Essen und trinken Sie achtsam

Das Verlangen nach manchen Dingen kann übermächtig sein, selbst wenn wir wissen, dass sie uns schaden können. So verhält es sich oft bei Alkohol, Süßigkeiten oder Fastfood. Ein erster Schritt kann sein, in unseren Körper hinein zu spüren, um uns bewusster zu werden, was diese Zutaten mit unserem Körper machen. Wenn wir dies regelmäßig machen, kann allein dadurch das Verlangen weniger werden. Wir entwickeln dann ein Bewusstsein für die Signale, die uns unser Körper sendet, so z. B., dass ihm diese Stoffe im Übermaß nicht gut tun. Nehmen Sie sich vor, sich die ersten drei Bissen eines jeden Essens bewusst zu machen – insbesondere bei Lebensmitteln, die Sie besonders bevorzugen.

## Lassen Sie das Gefühl los, ständig informiert sein zu wollen

Gönnen Sie sich mehrfach am Tag Zeitblöcke, in denen Sie bewusst keine Informationen »konsumieren«, z. B. keine E-Mails checken. Schauen Sie vor dem Schlafengehen nicht noch einmal Ihre Mails oder die Nachrichten an, um Ihrem Geist zu helfen, zur Ruhe zu kommen. Verabschieden Sie sich von der Einstellung, ständig up to date sein zu müssen. Verbringen Sie einen Tag im Monat oder in der Woche ohne Internet, Fernsehen, Zeitschriften und soziale Medien.

## Wider die Ignoranz: Selbstverständliches bewusster wahrnehmen

Wenn wir die selbstverständlichen Dinge wieder bewusst wahrnehmen und das Einmalige, das Besondere im Alltag als solches sehen, kultivieren wir Dankbarkeit und Zuversicht. Wenn wir dies nicht tun, verpassen wir die vielen kleinen, schönen Momente, die das Leben für uns bereithält und genießen selbst die Dinge, die uns wichtig sind, nicht so intensiv, wie wir könnten.

> »Leben ist das, was passiert, während Du eifrig dabei bist, andere Pläne zu schmieden.« (John Lennon)

Die folgenden Übungen helfen dabei, Dinge und Ereignisse bewusst(er) wahrzunehmen, die wir mittlerweile für selbstverständlich halten. Nehmen Sie in jeder dieser Übungen eine neugierige, unvoreingenommene Haltung ein. Betrachten Sie also die Dinge mit dem Blick eines Touristen, der sie zum ersten Mal sieht.

### Achtsam essen

Essen Sie eine Mandarine, als wäre es das erste Mal für Sie. Vielleicht hilft es Ihnen, sich vorzustellen, dass Sie aus einem anderen Land kommen, in dem es keine Mandarinen zu kaufen gibt. Mit diesem Touristenblick schulen Sie bereits Ihre Achtsamkeit. Nehmen sich dafür ein paar Minuten Zeit. Lösen Sie die Mandarine von der Schale und betrachten Sie dann ein einzelnes Segment mit voller Aufmerksamkeit. Untersuchen Sie es mit allen Sinnen, bevor Sie es essen: Wie sieht das Stück Mandarine aus? Wie riecht es? Wie fühlt sich die Textur an? Welches Geräusch macht es, wenn man es leicht drückt? Und schließlich: Wie fühlt sich das Stück im Mund an? Was bemerken Sie, wenn Sie darauf beißen? Wie verändert sich der Geschmack nach und nach, bis Sie schlucken? Sie können natürlich auch ein anderes Obst oder Gemüse zur Übung auswählen.

## Wahrnehmen der eigenen Hand

Betrachten Sie Ihre Hand mit voller Aufmerksamkeit, so, als würden Sie diesen Körperteil noch nicht kennen. Schauen Sie sich genau an, wie die Textur der Haut aussieht, wie lang die Finger sind etc. Tun Sie dies unvoreingenommen und bewerten Sie nicht. Wenn automatisch eine Bewertung, wie »Diese Hand sieht alt aus«, aufkommt, lassen Sie diesen Gedanken gehen und versuchen Sie wieder zurück zur Hand zu kommen und diese zu betrachten, wie sie ist. Versuchen Sie einmal, das Wunder zu erkennen, das diese Hand für Sie bedeutet. Wussten Sie, dass jede Hand aus 30 Muskeln und 28 Knochen besteht? Versuchen Sie sich die Bestandteile wie Blut und Fleisch vorzustellen. Spüren Sie den Kontakt Ihrer Hand zur Unterlage, die Haut, die die ganze Hand umgibt. Dann spüren Sie »in die Hand hinein«. Vielleicht können Sie Wärme oder Kälte, härtere oder weichere Regionen wahrnehmen.

## Schöne Dinge wertschätzen

Nehmen Sie Dinge, die Sie umgeben und von denen Sie wissen, dass Sie sie schön finden, denen Sie aber gewöhnlich keine Beachtung mehr schenken, bewusst mit allen Sinnen wahr. Riechen, schmecken, hören, sehen und fühlen Sie sie bewusst und intensiv.

### Seele baumeln lassen

Fahren Sie raus in die Natur – in den Wald, an einen ruhigen See oder Fluss, in die Berge oder ans Meer – oder setzen Sie sich auf eine grüne Wiese. Nehmen Sie einfach nur mit allen Sinnen wahr, was um Sie herum ist. Lauschen Sie den Vögeln und dem Wind, betrachten Sie das Wasser, die Blätter eines Baumes, eine Blume. Saugen Sie die frische Luft ein. Spüren Sie den Untergrund, streichen Sie über die Rinde eines Baumes, durch das Gras, tauchen Sie Ihre Hände in das Wasser. Genießen Sie einfach die Natur. Bleiben Sie noch ein wenig länger sitzen oder spazieren Sie ganz gemütlich durch die schöne Umgebung.

### Raum und Weite erkennen

Versuchen Sie aktiv, den Sie umgebenden Raum und die Weite wahrzunehmen. Hierfür kann es unterstützend sein, zwischendurch am Tag einfach mal durch das Fenster in den Himmel zu schauen und die verschiedenen Farbtöne, Wolkenkonstellationen und die Weite wahrzunehmen.

### Morgendankbarkeit

Bleiben Sie am Morgen ein paar Minuten vor dem Aufstehen im Bett liegen und machen Sie sich bewusst, wofür Sie heute dankbar sind. Machen Sie sich bewusst, welche Ihrer Bedürfnisse tagtäglich selbstverständlich erfüllt werden (z. B. gesicherte

Grundbedürfnisse wie reichlich Essen und Trinken; Sicherheit durch eine friedliche politische Lage; Schutz und Hygiene durch Ihre Wohnlage; Liebe und soziale Begegnungen durch Ihre Familie oder Freunde etc.).

## Essensritual

Halten Sie vor dem Essen einen Moment inne und betrachten Sie das Essen sehr aufmerksam. Fragen Sie sich dabei, wer alles daran beteiligt war, dass dieses Essen nun vor Ihnen steht: wie viele Menschen an der Herstellung beteiligt waren; wie viel Sonne und Wasser dazu nötig waren; welche Pflanzen, Tiere und Mineralien daran mitgewirkt haben; wie viel Wissen genutzt wurde, um die Zutaten herzustellen; welchen Weg die einzelnen Teile zurückgelegt haben. Diese Art der bewussten Wahrnehmung nennt man auch »tiefes Schauen«. Man erkennt damit, dass alle Dinge abhängig von anderen Dingen und Menschen entstehen und somit vieles mehr miteinander verbunden ist, als man auf den ersten Blick sieht.

## Abendritual

Reflektieren Sie am Abend im Bett kurz, was im Laufe des Tages an kleinen oder großen Dingen gut gelaufen ist und warum und welchen Beitrag Sie daran hatten. Wenn Sie sich das als Ritual angewöhnen und für eine Woche jeden Abend für wenige Minuten machen, verändern Sie Ihre Haltung nachhaltig. Sie werden dann automatischer das Positive in den selbstverständlichen Dingen sehen. Dieser Effekt konnte in Studien noch 6 Monate später nachgewiesen werden (Seligman, 2011). Eltern machen dieses Ritual häufig intuitiv mit ihren Kindern, wenn sie sie zu Bett bringen.

### Perplex sein

Versuchen Sie einmal darüber zu reflektieren, was Sie am meisten perplex machen könnte, wenn Sie davon zum ersten Mal hörten. Für manche ist es die Tatsache, dass die Erde eine Kugel ist, für andere die Funktion des Internets, für andere die Wirkung der weißen Blutkörperchen oder die Geburt eines Kindes. Auch dass unser Körper und insbesondere unser Gehirn trotz seiner Komplexität jeden Tag so gut funktioniert, ist ein Wunder. Versuchen Sie, dieses perplexe Gefühl aufkommen zu lassen und lassen Sie sich von den normalen Dingen überraschen, so oft es geht.

Wie der Naturwissenschaftler Ralph Waldo Emerson schon vor über 100 Jahren feststellte: »Wenn die Sterne nur einmal in 1.000 Jahren erscheinen würden, wie sehr würden die Menschen dann dieses Ereignis verehren und davon berichten, um es über Generationen in Erinnerung zu halten als die Stadt Gottes, die sich gezeigt hat«. Aber da die Sterne fast jeden Abend zu sehen sind, werden sie als etwas Selbstverständliches betrachtet. Wenn wir ein wenig achtsamer durch die Welt gehen und bewusst die Magie der selbstverständlichen Dinge erleben, werden wir Liebe für die Dinge, die uns umgeben, entwickeln. Und das wiederum bringt Zuversicht, Vertrauen und Freude in unser Leben.

# Achtsamer Umgang mit anderen: Übungen

Wer achtsam mit anderen umgeht, kann stabile, belastbare und harmonische Beziehungen aufbauen und pflegen – sowohl im Privatleben als auch im Berufsalltag. Die achtsame Interaktion mit anderen lässt sich trainieren.

In diesem Kapitel erfahren Sie u. a.,

- mit welchen Techniken Sie anderen mehr Wertschätzung entgegenbringen können,
- welche Übungen sich dazu eignen, mehr Mitgefühl für andere zu entwickeln,
- mit welchen Techniken es Ihnen gelingt, sich mit anderen ehrlich mitzufreuen,
- wie Sie mehr Gelassenheit und Gleichmut entwickeln können.

## Vier Haltungen für bessere Interaktionen mit anderen

Interaktionen und Begegnungen mit anderen prägen den beruflichen und privaten Alltag der meisten Menschen. Unser Wohlbefinden hängt stark davon ab, wie konstruktiv und positiv diese Interaktionen verlaufen. Wenn wir es schaffen, deren Qualität in Besprechungen und Diskussionen, aber auch beim Abendessen und Urlaubsspaziergang zu verbessern, erhöhen wir damit gleichzeitig unsere Lebensqualität und die Lebensqualität der Menschen um uns herum.

Unser eigener innerer Zustand hat großen Einfluss darauf, wie wir auf andere Menschen wirken. Das ist zum einen so, weil unser Gegenüber unsere Haltungen meist unbewusst mitbekommt und entsprechend reagiert. Zum anderen liegt es daran, dass wir nur dann positive Interaktionen gestalten, wenn wir mit unserer Aufmerksamkeit voll beim anderen sind. Sind wir z. B. wütend oder ärgerlich oder mit unseren Gedanken woanders, nehmen wir unseren Gesprächspartner nicht wirklich wahr, sondern sind vor allem mit uns selbst beschäftigt. Um präsent beim anderen sein zu können, halten wir inne und konzentrieren uns auf den anderen.

Die Bereitschaft, sich auf die Welt und Sichtweise des anderen einzulassen, sich durch Nachfragen und Einfühlen um das Verstehen des Gegenübers zu bemühen, ist eine wichtige Voraussetzung achtsamer Kommunikation. Für einen echten Austausch ist es notwendig, mit sich selbst in Kontakt zu sein, die eigenen Bedürfnisse und Empfindungen zu verstehen und angemessen ausdrücken zu können. Wenn wir nicht einmal unsere eigenen Emotionen verstehen, ist es aussichtlos, die einer anderen Person verstehen zu wollen. Wenn wir sie nicht ausdrücken, ist es für den anderen schwer, uns zu verstehen. Achtsamkeitstechniken helfen, solche Schwierigkeiten zu überwinden. Sie haben zwei Aspekte (Thich Nhat Hanh, 2013):

1. Zum gegenwärtigen Moment kommen durch Fokussierung bzw. Konzentration: Dadurch halten wir inne und sind präsent für uns und die uns umgebende Welt. Durch das Innehalten lernen wir, mehr von dem mitzubekommen, was da ist und tiefer zu schauen.
2. Kultivieren von Einsicht: Durch das differenzierte Wahrnehmen beginnen wir, mehr zu verstehen. Auf diese Art entstehen Gewahrsein, Frieden und innere Haltungen, wie z.B. Mitgefühl und Freude.

Kultivieren wir die folgenden vier Haltungen, entfaltet sich eine hohe Qualität unserer Interaktionen. Diese nutzt nicht nur den Mitmenschen, sondern auch dem eigenen Wohlbefinden. Sie stammen aus der buddhistischen Tradition – an deren Struktur wir uns im Folgenden anlehnen – und lauten wie folgt:

| | |
|---|---|
| Wertschätzung | Mitgefühl |
| (Mit-)Freude | Gelassenheit |

Die vier Haltungen wirken gleichzeitig den drei oben genannten ungesunden Haltungen Ablehnung, Verlangen und Ignoranz entgegen.

Viele Achtsamkeitstechniken kultivieren die vier Haltungen. Einige werden hier vorgestellt. Manche mögen auf Sie befremdlich wirken – vor allem deswegen, weil es Methoden sind, die wir in der westlichen Welt nicht kennen. Leider schulen wir typischerweise nicht das Mitgefühl in Klassenzimmern und haben es auch nicht im Weiterbildungsangebot unserer Unternehmen. Vielleicht aber haben Sie Lust, Ihre Komfortzone zu verlassen und etwas Neues auszuprobieren.

Die vier Haltungen hängen miteinander zusammen: Damit z. B. Wertschätzung authentisch ist, muss sie Freude enthalten. Damit Mitgefühl echt ist, muss es Wertschätzung enthalten. Wird eine Fähigkeit stärker entwickelt, entwickeln sich die anderen ebenfalls. Um z. B. den Gesprächspartner wirklich zu verstehen und auf ihn eingehen zu können, müssen wir achtsames Zuhören praktizieren; diese zentrale Fähigkeit stärkt alle vier Grundhaltungen.

Wenn die vier Haltungen geübt und verinnerlicht werden, verändern sich gleichzeitig die Interaktionen mit anderen, denn Haltungen bringen Gedanken hervor und Gedanken gehen stets Worten und Handlungen voraus. Wie erfreulich sich unsere Beziehungen mit anderen Menschen gestalten, sagt genauso viel, wenn nicht sogar mehr, über uns und unsere inneren Zustände aus, wie über die Menschen, die uns umgeben. Interessanterweise neigen wir dazu, den Beitrag oder Anlass zu einem Ereignis oder einer Interaktion eher beim Gegenüber zu sehen als bei uns. Das ist einfacher für uns, weil wir das Gegenüber aktiv erleben, aber uns selbst nicht agieren sehen. Zudem entgehen wir dadurch der eher unangenehmen Aufgabe, uns mit unseren eigenen Schwächen auseinanderzusetzen. Dies führt in der Regel dazu, dass wir den eigenen Anteil an der Beziehung vernachlässigen, während der andere dauernd Zielscheibe unserer Interpretationen ist. Das folgende Beispiel zeigt, dass die innere Haltung anderen gegenüber die Interaktion spürbar beeinflusst.

**BEISPIEL**

Der neue Chef Boris ist der Auffassung, dass er nur mit »lahmen Enten und Idioten« zusammenarbeitet. Sein Team spürt diese Haltung und ist dadurch weniger motiviert. Als Boris zudem immer häufiger laut wird und die Teammitglieder zunehmend kritisiert, verlieren sie noch die letzte Lust, sich anzustrengen. Sie legen immer mehr das Verhalten von »lahmen Enten« an den Tag, einfach, weil sie so behandelt werden.

## Haltung 1: Wertschätzung

Wertschätzung ist die Fähigkeit und die Absicht, anderen Freude und Glück zu schenken. Dafür müssen wir uns darüber bewusst werden, was unser Gegenüber auszeichnet, und verstehen, was ihm Freude bringt. Wertschätzung heißt, diesem einzigartigen Menschen Wert beizumessen, ihn zu schätzen und dies auch zu zeigen.

**BEISPIEL**

Als Teefreund und -kenner schenkt Oliver einer lieben Bekannten einen edlen Tee zum Geburtstag, den er selbst sehr mag und über den er sich selbst sehr freuen würde. Worüber er sich keine Gedanken gemacht hat: Seine Freundin trinkt lieber Kaffee, Oliver macht ihr also mit seinem Geschenk wenig Freude. Darüber hinaus fühlt sie sich nicht gesehen. Olivers Fähigkeit, Glück zu schenken, ist in diesem Fall noch nicht sehr weit entwickelt.

Die positive Wirkung von wertschätzendem Feedback auf die Funktionen des autonomen Nervensystems ist wissenschaftlich nachgewiesen (Kromm & Frank, 2009). Ebenso belegt sind die negativen gesundheitlichen Folgen fehlender Wertschätzung, etwa durch persönlich beleidigende Kritik oder das Übersehenwerden am Arbeitsplatz.

## Übungen für das Büro

### Achtsame Besprechung I: die eigene Intention

Wie wir in ein Meeting gehen, kann einen großen Einfluss auf die Effektivität der Besprechung haben. Über 70 % unserer Kommunikation findet nonverbal statt. Ihre Mitmenschen empfangen also auch Signale, die Sie allein durch Ihre Haltung und Mimik senden. Sie kennen das sicher auch: Obwohl Ihr Kollege nichts sagt, merken Sie an seiner Körperhaltung und an seinem Blick, ob er bei der Sache oder in Gedanken woanders ist.

Nehmen Sie sich daher zu Beginn eines Meetings einen Moment Zeit, um sich zu fragen: In welcher mentalen und körperlichen Verfassung bin ich? Welche Emotionen verspüre ich?

Wenn Sie sich Ihrer Verfassung bewusst sind, können Sie sie aktiv beeinflussen: Wenn Sie mit Neugierde und dem Willen etwas beizutragen an einer Besprechung teilnehmen, wird dies einen anderen Einfluss haben, als wenn Sie genervt und defensiv sind.

### Achtsame Besprechung II: Gruppen-Check-in

Nehmen Sie sich zu Beginn einer Besprechung ein paar Minuten Zeit, um reihum von jedem Besprechungsteilnehmer die folgende Frage beantworten zu lassen: »Was hält mich davon ab, voll präsent zu sein?« Allein durch diese Frage geben Sie den Menschen schon die Gelegenheit, über ihre Aufmerksamkeit nachzudenken, und sie dadurch in den gegenwärtigen Moment zu lenken.

**BEISPIEL**

Ein Telekommunikationsunternehmen hat in seinen Besprechungsräumen Schilder aufgehängt, auf denen folgende Worte stehen: »BE HERE NOW«.

### Erfolge feiern

Würdigen Sie die Leistung anderer. Senden Sie z. B. gelegentlich E-Mails über die Erfolge von Kollegen oder Mitarbeitern Achten Sie jedoch darauf, dass diese Form der Wertschätzung nicht andere verletzt oder zurückweist und in die Kultur passt.

### Wertschätzungsblatt

Diese Übung eignet sich gut für das Ende eines Projekts oder auch den Abschluss einer längeren Fortbildung oder eines

Workshops z. B. zur Teambildung. Jeder schreibt seinen Namen mittig auf ein Blatt und gibt es dann an den jeweiligen Nachbarn. Die Instruktion lautet, dass alle jeweils etwas Wertschätzendes auf die Blätter der Kollegen schreiben sollen, die dann zuletzt der entsprechende Kollege erhält.

### Konkretes Lob, basierend auf Verhaltensbeobachtung

Lob hat eine wesentlich stärkere Wirkung, wenn das Gegenüber sich gesehen und in dem Sinne erkannt fühlt. Ein pauschales Lob, so z. B. »Super Job!«, hat weniger Effekt als eine konkrete Anmerkung, die auf Verhaltensbeobachtungen basiert, wie z. B.: »Ich bin immer wieder beeindruckt, wie du Dinge kurz und knapp auf den Punkt bringen kannst.«

## Übungen für zu Hause

### Kritik nicht ohne Wertschätzung stehen lassen

Wenn Sie oder eine Freundin sich mal wieder über jemanden ärgern und all das nennen, was Sie an diesem Menschen nervt, lenken Sie die Aufmerksamkeit auf seine positiven Seiten: Fragen Sie sich und Ihr Gegenüber, was diesen Menschen besonders macht oder was Sie schätzen. Anerkennen Sie dabei auch den Ärger des Gesprächspartners über den anderen. Sie laufen sonst Gefahr, dass er sich in seinem Ärger nicht ernstgenommen fühlt.

## Stärken sehen

Dinge, die gut funktionieren, nehmen wir oft als Selbstverständlichkeit wahr und bedanken uns nicht dafür. Viele Menschen tendieren eher dazu, Kritik zu äußern, also zu sagen, wenn sie etwas stört oder anders gemacht werden soll. Nicht von ungefähr gibt es den Spruch: »Nichts gesagt ist genug gelobt«. Für eine gesunde Beziehung, aber auch für die effektive Zusammenarbeit im Team ist es allerdings wichtig, dass das Verhältnis zwischen Lob und Kritik bei 5:1 liegt. Das bedeutet, dass wir für jede Kritik, die wir äußern, fünf Mal (ehrlich gemeintes) Lob geben sollten.

Geben Sie also auch Feedback für Tätigkeiten, die gut laufen. Natürlich sollte das immer angemessen sein und nicht übertrieben geschehen.

## Wertschätzungsbrief

Schreiben Sie Ihrem Partner oder einer guten Freundin einen Brief. Erwähnen Sie darin möglichst konkrete Dinge, die sie an ihm oder ihr schätzen. Versuchen Sie dabei gerade auf vermeintliche Kleinigkeiten zu achten, etwa die aufgehaltene Tür, die aufrichtige Frage nach dem Wohlbefinden oder das Leselicht, das Ihre Partnerin immer für Sie anmacht.

## Wertschätzung entwickeln bei Kindern

Fragen Sie Ihre Kinder im Anschluss an Begegnungen mit Menschen, was sie an diesen wertschätzen oder gerne mögen, z. B. an Verwandten, an Freunden, aber auch an der Kassiererin im

Laden. Sie helfen den Kindern damit, ein Bewusstsein und eine Sprache für die Wertschätzung anderer Menschen zu entwickeln.

## Übung zum Glück für alle Lebewesen

Diese Übung zur Wertschätzung (in Anlehnung an Wallace, 2006) ist Fortgeschrittenen und Mutigen vorbehalten.

Suchen Sie sich einen ruhigen, ungestörten Ort für diese Übung. Nehmen Sie die Meditationsgrundhaltung ein: sitzen Sie aufrecht und wach, gleichzeitig entspannt, atmen Sie tief ein und aus. Aus dieser Haltung heraus beschäftigen Sie sich mit den folgenden drei Fragen.

1. **Was möchte ich von der Welt empfangen, um ein glückliches, sinnhaftes und erfülltes Leben zu leben?** Einige dieser Dinge mögen materieller Natur sein, etwa Essen, Kleidung, eine Unterkunft und medizinische Versorgung. Andere Voraussetzungen unseres Wohlseins mögen immateriell sein, etwa Harmonie in unserem Umfeld oder die herzliche Freundschaft anderer Menschen. Machen Sie sich die Dinge bewusst, die Sie wünschen, um Ihre elementaren Bedürfnisse zu befriedigen. Mögen Ihre echten Wünsche erfüllt werden! Verfolgen Sie diese Vision Ihrer Zufriedenheit nun noch weiter. Sehen Sie vor sich, wie Ihre elementaren Bedürfnisse befriedigt sind, und überlegen Sie weiter, was Sie sich noch von den Menschen um Sie herum und Ihrer Umwelt wünschen. Was könnten diese Ihnen an materiellen und immateriellen Dingen geben, um Ihnen zu helfen, Ihr Glück zu

finden? Stellen Sie sich vor, dass die Welt Ihnen Gutes tun möchte und Ihnen hier und jetzt alle Unterstützung gibt, um Ihre Wünsche zu erfüllen.

2. **Was für eine Person möchte ich werden?** Welche persönlichen Qualitäten oder Eigenschaften hätten Sie gerne? Bei jedem von uns unterliegen Körper und Geist einem ständigen Prozess der Veränderung, jeden Moment, jeden Tag. Da Sie sich ohnehin kontinuierlich entwickeln, stellen Sie sich die Veränderungen vor, die Sie erleben möchten in Ihrer eigenen Entwicklung als Mensch, sowohl kurz- wie langfristig. Und in Ihrer Überlegung, wer Sie gerne werden würden, stellen Sie sich vor, dass diese Veränderung wirklich stattfindet, hier und jetzt.
3. **Was möchte ich der Welt anbieten, den Menschen um mich herum, meiner Umwelt?** Keiner von uns lebt unabhängig von anderen. Ob wir wollen oder nicht, wir nehmen Einfluss auf die Menschen um uns herum. So wie Sie sich Glück und Zufriedenheit für sich selbst wünschen, so tun Sie dies auch für alle Menschen um Sie herum. Erweitern Sie das Blickfeld Ihrer liebevollen Aufmerksamkeit, so dass es alle Lebewesen umfasst, die Ihr Glück suchen wie Sie, und wünschen Sie: »Mögt Ihr alle, jeder einzelne, wie auch ich, das Glück finden, dass Ihr sucht, und mögt Ihr seine wahren Ursachen kultivieren.« Laden Sie die Vision in Ihr Bewusstsein ein, schmücken Sie sie mit so vielen Details wie möglich aus – und dann stellen Sie sich vor, dass dieser Traum Realität wird, hier und jetzt.

## Haltung 2: Mitgefühl

Mitgefühl ist die Absicht und nach Thich Nhat Hanh (1999) zudem die Fähigkeit, Leiden zu lindern und zu transformieren. Mitgefühl bedeutet im Unterschied zu Mitleid, dass wir nicht selber leiden müssen, um das Leiden anderer zu lindern (Singer & Klimecki, 2014). Mitgefühl schafft Verbindung, Mitleid hingegen Distanz.

Leichter zu verstehen ist das, wenn Sie sich folgendes Bild vor Augen führen: Wenn sich jemand fühlt, als säße er in einem tiefen, dunklen Loch, und das Gefühl hat, nicht wieder herauszukommen, von der Situation überwältigt zu sein, dann bedeutet Mitgefühl, zu ihm herunterzuklettern und zu sagen: »Ich kann mir vorstellen, wie es dir jetzt geht, und ich bin für dich da«. Um das authentisch bewerkstelligen zu können, müssen wir erst die Verbindung zu unseren eigenen Gefühlen herstellen. Mitleid dagegen wäre es, in das Loch herunterzuschauen und etwas zu sagen, was dem anderen zwar helfen würde, bei dem er sich in seiner Situation aber nicht wirklich gesehen fühlt: »Oje, du Armer! Willst du etwas essen?« (Brown, 1999).

Wer Mitleid empfindet, versucht meist, Lösungen zu suchen oder das vermeintlich Positive der Situation hervorzuheben: »Immerhin ist dir nichts passiert« – nach einem Unfall, bei dem das geliebte Auto einen Totalschaden erlitten hat –, oder: »Immerhin hast du eine Beziehung« – wenn der andere traurig ist, dass er sich mit seinem Partner gestritten hat. Manchmal ist es in solchen Situationen besser, einfach zu sagen, dass wir nicht wissen, was wir sagen sollen, aber dass wir für den anderen da sein wollen und auch froh sind, dass uns der andere von diesen Sorgen erzählt hat. Eine Verbindung herzustellen und dem leidenden Menschen das Gefühl zu geben, gesehen und akzeptiert zu werden, ist meistens angemessen.

**BEISPIEL**

Nach dem Streit mit Kollegen kommt Ihre Kollegin aufgelöst in Ihr Büro. Wenn Sie tiefe Anteilnahme zeigen, indem Sie sich einen Moment Zeit nehmen, sich dicht neben sie setzen und ihr aufmerksam zuhören, dann wird ihr dies vermutlich Linderung verschaffen. Sie müssen keine Lösungen erarbeiten, hier geht es nur um Anteilnahme. Ein einziger Satz oder eine einzige Geste von Ihnen kann Zuversicht schenken.

Die Basis für Mitgefühl ist emotionale Intelligenz und Empathie.

## Übungen für das Büro

### Chef-Kontemplationsübung

Haben Sie sich mal wieder über Ihren Chef und eine seiner Entscheidungen geärgert? Nehmen Sie sich einen Moment Zeit, schauen Sie aus dem Fenster und versetzen Sie sich in ihn hinein: Was ist er für ein Mensch? Was treibt ihn an? Woran glaubt er? Welche Menschen und Aspekte sind ihm wichtig? Was für Bedürfnisse hat er? Warum handelt er wohl, wie er handelt? Was würde er sich wohl von Ihnen wünschen? Womit könnten Sie ihm eine Freude machen? Dieser Perspektivwechsel hilft, mehr Verständnis zu entwickeln und sich selbst aus der Ablehnungshaltung zu ziehen.

## Da sein für Kollegen

Haben Sie einen Kollegen, der gerade mit persönlichen Problemen kämpft oder Leistungseinbrüche hat oder eine neue Kollegin, die sich gerade mühsam zurechtfinden muss? Fragen Sie sich, wann Sie das letzte Mal ähnlich gefühlt haben und was Ihnen in einer solchen Situation geholfen hat oder hätte. Gehen Sie auf die Person zu und nehmen Sie sich einen Moment Zeit für sie, hören Sie zu und seien Sie für sie da.

## Achtsame Kommunikation

Wenn Sie das nächste Mal jemandem zuhören, schenken Sie ihm dabei Ihre volle Aufmerksamkeit. Halten Sie Blickkontakt und seien Sie voll und ganz präsent und mit den Gedanken nur bei dieser Person. Hören Sie nicht nur mit dem Verstand zu, sondern mit Ihrem ganzen Körper, indem Sie das Energiefeld in Ihrem Körper spüren, was immer das für Sie gerade ist. Dies schafft einen ruhigen Raum, der Sie befähigt, wirklich zuzuhören ohne Einmischung Ihrer eigenen Gedanken. Das gibt dem anderen Raum zu sein. Lassen Sie die Person erzählen, ohne sie zu unterbrechen bzw. ohne dass Sie Ihre eigenen guten Gedanken beisteuern. Versuchen Sie, das Gesagte einfach in den Worten dieser Person zusammenzufassen, indem Sie z. B. anfangen mit: »Wenn ich dich richtig verstanden habe, geht es dir im Moment um ...«. Vermeiden Sie dabei möglichst eigene Interpretationen, und konzentrieren Sie sich auf das, was gesagt wurde. Probieren Sie diese Art des Zuhörens einfach einmal für 3 Minuten; Ihr Gegenüber wird sofort merken, dass Sie präsenter sind.

## Übungen für zu Hause

### Sich seiner Privilegien bewusst werden

Eine Übung, um Mitgefühl und auch Dankbarkeit zu entwickeln, ist, sich seiner Privilegien bewusst zu werden, also all jener Vorteile, die man aufgrund seines nationalen, kulturellen, sozialen oder finanziellen Hintergrundes genießt, die also nicht oder nur zu einem Teil auf eigener Leistung beruhen. Zu erkennen, wie viel einfacher das Leben an vielen Stellen durch diese Privilegien ist, lässt Mitgefühl entstehen.

**BEISPIEL**

Auf dem Rückweg von einer beruflichen Reise erstellt Martin eine Liste der Merkmale, die ihm ohne sein Zutun Privilegien verschaffen: Er ist männlich, Westeuropäer, mit weißer Hautfarbe aus der oberen Mittelschicht, gesund und ohne Behinderung. Dies hat nicht nur Abitur und Studium erleichtert, sondern auch den Zugang zu beruflichen Netzwerken, einem gutbezahlten Job und einer herausgehobenen gesellschaftlichen Stellung. Auch bei der Partnerwahl, der Wohnungssuche und der Aufnahme des Kredits für sein Auto waren diese Merkmale sehr hilfreich. Diese Übung stärkt sein Bewusstsein für Menschen in seinem Umfeld mit schwierigerer Ausgangslage und für die daraus resultierenden unterschiedlichen Perspektiven.

### Freundlichkeitsmeditation

Diese Meditation ist über 2.600 Jahre alt und kann etwas sonderbar auf Leser wirken, die zuvor noch keine Berührung mit Übungen zum Mitgefühl hatten. Neuere Forschung bestätigt, dass die regelmäßige Durchführung dieser Übung deutlich positive gesundheitliche Effekte bewirkt (Fredrickson, 2014).

Nehmen Sie die Meditationsgrundhaltung ein – aufrecht und wach, gleichzeitig entspannt; atmen Sie tief ein und aus. Wenn sich Ihr Geist etwas beruhigt hat, laden Sie ein Gefühl von liebevoller Güte *für sich selbst* ein. Um dies zu tun, wiederholen Sie still die folgenden Sätze:

- Möge es mir gut gehen.
- Möge ich glücklich sein.
- Möge ich frei sein von Leiden.

Spüren Sie, wie sich das Gefühl der liebevollen Güte in Ihrem Körper ausbreitet, wo auch immer Sie dies spüren können. Manche Menschen spüren es in der Region um das Herz herum, in der Brust, manche im Bauch. Wenn Sie wenig erspüren können, probieren Sie es mit Geduld noch einmal.

Nachdem Sie dies einige Minuten gemacht haben, versuchen Sie das Gefühl liebevoller Güte zu halten und auf jemanden zu beziehen, den Sie *sehr schätzen oder mögen* – auf jemanden, bei dem es für Sie einfach ist, ein solches Gefühl zu erzeugen.

Nach einigen Minuten dieser Konzentration machen Sie das gleiche für eine Person, der Sie *neutral* gegenüberstehen, die Sie weder besonders mögen oder nicht mögen, die Sie vielleicht auch nicht gut kennen. Dies kann z. B. der Bäcker oder auch eine Nachbarin sein. Halten Sie das Gefühl liebevoller Güte wieder einige Minuten im Körper.

Fokussieren Sie dann Ihre Aufmerksamkeit auf jemanden, zu dem Sie ein *schwieriges Verhältnis* haben, den Sie nicht mögen oder der Ihnen einige Schwierigkeiten bereitet. Versuchen Sie auch dieser Person gegenüber die liebevolle Güte zu spüren. Wenn dies nicht leicht fällt, versuchen Sie, dieser Person zu wünschen, dass es ihm oder ihr wohl ergehe, er oder sie glücklich und frei von Leiden sei.

Der Effekt dieser Meditation: Wenn Sie sich schon länger auf liebevolle Güte konzentriert haben und dann an eine Person denken, die Sie schwierig finden, fällt es Ihnen wahrscheinlich leichter, auch ihr das gleiche Gefühl von Mitgefühl entgegenzubringen. Mit mehr Übung kann dies sogar dazu führen, dass Sie Ihre Haltung der Person gegenüber modifizieren.

Manchen Menschen fällt es schwer, bei sich selbst ein positives Gefühl zu entwickeln. Geht es Ihnen auch so, beginnen Sie diese Übung mit der Person, bei der es Ihnen am leichtesten fällt, liebevolle Güte zu entwickeln.

### Visualisierung des Leids

Eine weitere Visualisierungsübung, mit der man Mitgefühl mit anderen kultiviert, beschreibt der Dalai Lama (2002, S. 66): Verweilen Sie in den folgenden Bildern und Gefühlen jeweils für ein paar Minuten.

1. Sie bleiben ruhig, gelassen und vernünftig.
2. Stellen Sie sich Ihnen zur Rechten eine Variante von Ihnen als soliden Klumpen egoistischer Selbstsucht vor: die Art von

Mensch, die alles daran setzen würde, ein Bedürfnis zu befriedigen.

3. Stellen Sie sich Ihnen zur Linken eine Gruppe armer Menschen vor, mit denen Sie nicht verwandt sind, Notleidende, Bedürftige und Leidende eingeschlossen.
4. Betrachten Sie die beiden Seiten gelassen und unvoreingenommen. Überlegen Sie sich: »Beide Seiten möchten Glück. Beide Seiten möchten sich vom Leiden befreien. Beide haben das Recht, diese Ziele zu verwirklichen«.
5. Bedenken Sie Folgendes: Oft arbeiten wir hart und lange für ein besseres Einkommen oder wir geben eine Menge Geld aus, in der Hoffnung, dafür mehr zurückzubekommen. Wir sind bereit, vorübergehende Opfer zu bringen für einen langfristigen Ertrag. Mit der gleichen Logik hat es sehr viel Sinn, wenn ein einzelner Mensch Opfer bringt für ein übergeordnetes Wohl.

Auf ganz natürliche Weise wird Ihr Geist der Seite mit der größeren Anzahl leidender Menschen den Vorrang geben. Das so aktivierte Mitgefühl mit anderen lindert Ihr eigenes Leiden.

### Eltern-Meditation

Diese Übung wirkt entwaffnend, wenn Sie Schwierigkeiten mit einem Elternteil haben, z. B. Ihrem Vater: Setzen Sie sich in die Grundmeditationshaltung und atmen Sie tief ein und aus. Verweilen Sie einen Moment in der Stille, bis der Geist etwas zur Ruhe gekommen ist. Stellen Sie sich dann Ihren Vater als jungen Menschen vor: Wie sah er aus, wie ist er aufgewachsen, welche Dinge hat er gerne gemacht, wie war sein Leben als junger Mensch? Überprüfen Sie, was die Hoffnungen und Handlungen dieses Menschen motivierte. Stellen Sie sich nun vor, wie er Ihre Mutter trifft, wie sie sich kennenlernen. Stellen Sie sich vor, wie beide ein Kind bekommen und evt. noch eins. Fühlen Sie sich hinein, wie gefordert Ihr Vater mit dem schreienden Kind war – wie alle Eltern – und wie er Sie aufgezogen hat, mit welchen Gefühlen dies verbunden war. Versuchen Sie herauszufinden, was Ihren Vater glücklich gemacht und was ihm Leiden gebracht hat. Fahren Sie mit diesen Überlegungen fort, bis Ihr Herz von Mitgefühl erfüllt ist.

## Haltung 3: (Mit-)Freude

(Mit-)Freude ist eine emphatische Freude voller Zufriedenheit, bei der man sich die Freuden, Erfolge und positiven Eigenschaften von anderen und sich selbst gegenwärtig macht und sich daran erfreut. Wir freuen uns, wenn andere glücklich sind, und auch, wenn es uns selbst gut geht. (Mit-)Freude beinhaltet ebenso die Freude, die wir erleben, wenn wir jemand anderen einen Gefallen tun. Dies hebt nicht nur dessen Stimmung, sondern erwiesenermaßen auch unsere eigene (Seligman, 2012).

### Übungen für das Büro

#### Aktiv mitfreuen mit Kollegen

Hören Sie achtsam zu, wenn ein Kollege von einem Erfolg berichtet. Versetzen Sie sich in die Person hinein und fragen Sie sich, was das wohl für sie bedeutet, wie sie sich fühlt. Teilen Sie Ihre Gedanken mit dem anderen. Dadurch wird Ihr Gegenüber in seiner Freude gesehen. Wenn Sie sich auf diese Weise in die Freude des anderen hineinversetzen, wird es auch leicht, sich ehrlich mitzufreuen.

**BEISPIEL**

Die Mitarbeiterin im Verkauf hat einen besonders guten Tag gehabt und mehr Umsatz generiert als sonst. Sie freut sich darüber und erzählt es begeistert ihrem Kollegen. Der Kollege hört aufmerksam zu, zeigt seinerseits Begeisterung und lacht mit ihr. Dies hebt die Stimmung bei beiden und führt sogar auch beim Zuhörenden zur Ausschüttung von Glückshormonen, die das Wohlbefinden steigern.

## Kleine Freuden bereiten im Büro

Überlegen Sie, wie gut Sie Ihre Kollegen kennen. Wissen Sie, was den jeweiligen Kollegen eine Freude machen würde? Wer sich besonders über eine nette Notiz freuen würde oder einen frischen Tee? Wer Schokolade und wer Saures oder Salziges mag? Seien Sie aufmerksam und informieren Sie sich mit offenen Fragen, wer welche Vorlieben hat. Hilfreich kann es sein, sich dazu eine kleine Liste zu erstellen, um den Kollegen dann, wenn sie z. B. bei Stress oder privaten Problemen eine kleine Aufmunterung nötig haben, eine wirkliche Freude zu bereiten.

## Alltagsaufwachen

Wenn Sie am Morgen aufwachen, bleiben Sie noch einige Minuten im Bett liegen und überlegen sich, wen Sie heute wohl treffen werden und was diese Person gerade am meisten bewegt. Nehmen Sie sich vor, die Person zu fragen, wie es ihr in dieser Angelegenheit gerade geht.

## Übungen für zu Hause

### Einen Tag freundlich sein

Wir haben zu jeder Zeit die Wahl, etwas Freundliches zu sagen oder zu denken. Nehmen Sie sich einmal vor, einen Tag lang freundlich zu allen Menschen zu sein, denen Sie begegnen. Damit dies gelingt, müssen Sie die Menschen erst einmal wirklich (wieder) wahrnehmen. Es hilft hier, sie mit den Augen eines Touristen zu sehen, als würden Sie sie zum ersten Mal treffen.

### Spontane Taten der Freundlichkeit

Schenken Sie Fremden in Ihrer Umgebung kleine Dinge, ohne dass diese wissen, von wem sie sind. Legen Sie den Nachbarn zum Nikolaustag heimlich einen Schoko-Nikolaus vor die Tür. Sie können für diese Übung auch zufällig Menschen auswählen. Zahlen Sie an der Kinokasse auch für den Jugendlichen, der in der Schlange weiter hinten steht. Sie werden sehen, wie viel Freude Ihnen diese spontanen Taten bringen. Gleichzeitig trainieren Sie damit Ihre Fähigkeit zu erahnen, was anderen eine Freude macht.

### Meditation zu empathischer Freude (in Anlehnung an Wallace, 2006)

Setzen Sie sich in die Grundmeditationshaltung, entspannt und wach gleichzeitig, atmen Sie ruhig ein und aus.

Richten Sie Ihre Aufmerksamkeit auf eine Person, die Sie gut kennen und die ein Gefühl von Fröhlichkeit und Zufriedenheit verbreitet. Denken Sie an die physische Präsenz dieser Person, an ihre Worte und Taten. Während Sie sich der Freude dieser Person gewahr werden, öffnet sich Ihr Herz für diese Freude und Sie erfreuen sich daran. Das ist einfach, wenn Sie sich dieser Person ohnehin schon eng verbunden fühlen.

Jetzt richten Sie Ihre Aufmerksamkeit auf eine andere Person, auf jemanden, dem etwas Wundervolles passiert ist, vor kurzem oder vor längerer Zeit. Rufen Sie sich das Glück dieser Person ins Gedächtnis und teilen Sie diese Freude.

Nun denken Sie an jemanden, der Sie inspiriert mit seinen positiven Eigenschaften, etwa mit seiner Großzügigkeit, Freundlichkeit oder Weisheit. Erfreuen Sie sich an diesen Eigenschaften der Person, für Sie selbst und für alle, denen diese Eigenschaften zugutekommen.

Richten Sie Ihre Aufmerksamkeit jetzt auf Ihr eigenes Leben. Sich an seinen eigenen guten Eigenschaften zu erfreuen, ist wichtig, wird jedoch oft übersehen. Denken Sie zurück an Zeiten in Ihrem Leben, die eine Quelle der Inspiration für Sie selbst und vielleicht für andere waren. Denken Sie an Gelegenheiten, in denen sich Ihre Qualitäten gezeigt haben. Denken Sie daran und erfreuen Sie sich an Ihren eigenen guten Eigenschaften. Während Sie sich dann der Menschen und Umstände bewusst werden, die es Ihnen möglich gemacht haben, gut zu leben und die Früchte Ihrer eigenen Anstrengungen zu genießen, erleben Sie vielleicht gleichzeitig einen Anflug von Dankbarkeit und Freude. Das verhindert, dass Sie in ein oberflächliches Gefühl von Selbst-Gratulation und Überlegenheit geraten.

## Haltung 4: Gelassenheit

Mit Gelassenheit bzw. Gleichmut ruhen wir in uns selbst in einer Weise, die es uns erlaubt, mit anderen in voller Aufmerksamkeit in Beziehung zu treten. Sind wir verärgert, können wir uns nicht auf unser Gegenüber einlassen.

In der Regel gelten unsere Wertschätzung, unser Mitgefühl und unsere Mitfreude Menschen, mit denen wir uns in irgendeiner Form verbunden fühlen. Somit sind diese Qualitäten also mit einer »Anhaftung« an eine Person verbunden. Gleichmut erlaubt uns, die Qualitäten nicht nur auf die Menschen unmittelbar um uns herum anzuwenden, sondern auch auf andere Menschen außerhalb unseres direkten Radius.

Wir können uns unsere Welt als konzentrischen Kreis mit uns selbst im Zentrum vorstellen. Im ersten Ring kommen Familie und enge Freunde, im nächsten Ring befinden sich Bekannte, weiter außen kommen Menschen, die uns egal sind, letztlich solche, die wir – in unterschiedlicher Intensität – nicht mögen.

Dabei hängt es im wesentlichen vom Zufall ab, wer uns nahe ist – auf welcher Schule wir waren, wer in unserer Nachbarschaft wohnt, das gleiche Hobby hat oder in der gleichen Firma arbeitet. Insofern ist es recht zufällig, wessen Glück uns wichtig ist.

Die Essenz von Gelassenheit und Gleichmut ist Unparteilichkeit. Gleichmut erlaubt uns, Wertschätzung, Mitgefühl und Mitfreude auf immer mehr und schließlich auf alle Menschen auszudehnen. Gleichmut ist nicht zu verwechseln mit Gleichgültigkeit (Indifferenz).

> Gleichmut liebt alle Kinder in gleicher Weise, der Gleichgültigkeit ist keines wichtig. (Buddhistisches Sprichwort)

Gelassenheit hat aber auch noch eine andere Dimension. Qualitativ erfreuliche Interaktionen können wir nur herbeiführen, wenn wir nicht verärgert oder enttäuscht sind, da wir dann nicht mehr mit unserer Aufmerksamkeit beim anderen sein können. Wenn wir uns selbst als den wichtigsten Menschen sehen (was die meisten von uns die meiste Zeit tun), dann passiert es recht leicht, dass wir enttäuscht sind oder uns über andere ärgern, die irgendetwas nicht so tun, wie wir es gerne hätten. Wenn wir gelassen sind, in uns selbst ruhen (also nicht unsere eigene Wichtigkeit durch das Sagen oder Tun des anderen angegriffen sehen), können wir unseren Mitmenschen zuhören, ohne das, was sie sagen, sogleich kommentieren, abwehren oder widerlegen zu müssen.

Warum aber ist es so schwierig, in emotional aufwühlenden Situationen wie Ärger oder Enttäuschung gelassen und ruhig zu bleiben – und wie kann es uns dennoch gelingen? Zum Verständnis ist die Reflexion der inneren Haltung, aus der heraus man agiert, hilfreich. Die innere Haltung kann sehr vereinfacht in zwei Zustände eingeteilt werden:

1. reaktiv bzw. von unseren Gefühlen und Emotionen fremdgesteuert und
2. bewusst bzw. selbstgesteuert.

Wenn wir in einer reaktiven Haltung sind, haben wir das Gefühl, uns verteidigen zu müssen, empfinden Wut, Enttäuschung oder Resignation. In dieser Haltung denken wir nicht lösungsorientiert, sondern konzentrieren uns auf das als negativ Empfundene. Es gilt also in eine bewusste und selbstgesteuerte Haltung zu kommen.

## Übungen für eine bewusste, gelassene Haltung

### Etikettieren Sie Ihre Emotionen

Wenn eine starke Emotion, wie z.B. Ärger, aufkommt, sagen Sie nicht: »Ich bin ärgerlich«, sondern sagen Sie sich: »Ah, es steigt Ärger in mir auf«, oder: »Ich nehme wahr, dass diese Situation in mir zu Ärger führt«. Man nennt das »die Emotion mit einem Etikett versehen«. Diese Technik schafft Distanz zur eigenen Emotion und hilft dabei, sich bewusst zu machen, dass Sie nicht Ihre Emotion sind. Wir müssen nicht dem Impuls folgen, den wir verspüren. Wir müssen nicht auf eine Situation mit einer Reaktion reagieren. Dies zu realisieren kann sehr befreiend sein. Es geht nicht darum, die Emotion zu unterdrücken, sondern sie einfach nur zu beobachten, ohne ihr nachzugeben. Das ist nicht einfach, eben weil wir in dem Moment einen starken Impuls verspüren.

### Buch führen

Anfangs kann es hilfreich sein, sich abends bewusst zu machen und aufzuschreiben, wann wir im Laufe des Tages in eine reaktive Haltung geraten sind und warum das geschehen ist. Dadurch können wir ein besseres Verständnis entwickeln zu Situationen und Menschen, die uns reaktiv werden lassen. Wir können dann bewusst überlegen, wie wir künftig in einer ähnlichen Situation anders reagieren wollen. Mit etwas Übung werden wir schneller erkennen, wenn wir reaktiv werden.

### Pausetaste drücken

Reagieren Sie in einer emotionalen Situation nicht sofort. Machen Sie sich bewusst, dass Sie nicht das willenlose Opfer Ihrer Emotionen sind, sondern dass Sie wählen können. In dem Moment zwischen dem Impuls und Ihrer Reaktion darauf liegt Ihre Entscheidungsfreiheit. Drücken Sie die imaginäre Pausetaste: Atmen Sie einige Male tief durch, um den Zeitraum zwischen Impuls und Reaktion zu verlängern und wieder Kontrolle über Ihre Emotionen zu erlangen. Ganz wichtig: Ärgern Sie sich nicht darüber, dass Ihre Emotionen mal wieder die Steuerung übernommen haben – sonst ist es ihnen gleich noch einmal gelungen.

### Die Gründe des anderen sehen

Wenn Sie jemand unfair und schlecht behandelt, versuchen Sie einmal, die Gründe dafür zu verstehen. Wenn diese nicht sofort ersichtlich sind, können Sie sich überlegen, dass beim anderen wahrscheinlich eine Absicht hinter dem Verhalten steckt, die nicht per se »böse« ist, sondern selbst aus einem Moment der Unsicherheit, Verzweiflung oder dem Wunsch, anerkannt zu werden, entspringt. Versuchen Sie, eine positive Intention anzunehmen.

### Sich selbst im anderen sehen

Versuchen Sie die Person, über die Sie sich ärgern oder die Sie verletzt hat, nicht in ihrer »Rolle« zu sehen, z. B. in der Rolle des Chefs oder der Schwiegermutter, sondern einfach als anderes menschliches Wesen. Sehen Sie in ihr einen Menschen mit genau den gleichen Empfindungen, dem gleichen Wunsch nach Glück, der gleichen Angst vor Leiden, wie Sie sie haben. Sehen Sie sie als jemand, der sich vor bestimmten Dingen fürchtet und gerne gesehen werden möchte, wie alle anderen Menschen auch. Das wird Ihr Herz für ihn öffnen und Sie werden ihn besser verstehen können (Sogyal Rinpoche, 2004).

### Konzentration auf gegenteilige Emotion

Wenn Sie wütend auf jemanden sind, versuchen Sie sich vorzustellen, was diesen Menschen glücklich machen würde. Mit dieser Art von Großzügigkeit verschwindet Ihre Wut. Sie können z. B. darüber nachdenken, welches Geschenk diese Person glücklich machen würde.

### Humor

Begegnen Sie unerfreulichen Ereignissen mit Humor. Machen Sie sich bewusst, wie grotesk es auf Menschen mit existenziellen Problemen wirken muss, worüber wir uns maßlos ärgern können. Machen Sie sich z. B. bewusst über sich selbst lustig, wenn Sie sich auf der Heimfahrt mal wieder über einen anderen

Autofahrer aufregen, der Ihnen die Vorfahrt genommen hat – der Sie damit zu der anstrengenden Kombination von Brems- und Gaspedal gezwungen und Ihnen mit diesem Manöver praktisch mehrere Sekunden Ihres Lebens gestohlen hat.

## 5 Schritte, um zur Ruhe zu kommen (nach Thich Nhat Hanh)

1. **Erkennen:** Wenn wir ärgerlich sind, atmen wir einmal durch und erkennen den Ärger und sagen: »Es ist mir bewusst, dass ich ärgerlich bin«.
2. **Annehmen:** Wir streiten nicht ab, ärgerlich zu sein. Wir akzeptieren den Ärger in uns.
3. **Umarmen:** Wir umarmen unseren Ärger – als ob wir ihn trösten wollten – und bekämpfen ihn nicht. Dies bedeutet, dass wir mit unserem Gefühl präsent sind. Wir bleiben mit dem Ärger, ohne ihn zu unterdrücken oder uns abzulenken. Wir umarmen ihn gleichsam mit unserer Achtsamkeit. Dadurch kann sich der Ärger lösen.
4. **Tief schauen:** Wenn wir uns wieder entspannt haben, können wir uns genauer anschauen, woher der Ärger kommt; wir können tief schauen. So können wir herausfinden, was uns so aufgebracht hat.
5. **Verstehen:** Durch das Schauen erkennen wir die Ursachen und Umstände, die zum Entstehen unseres Ärgers beigetragen haben. Wir denken so lange nach, bis wir die Ursachen unseres Ärgers erkannt haben. Dann können wir die Situation verändern.

# Dauerhaft und nachhaltig achtsam leben

Damit uns die Achtsamkeit ein ganzes Leben begleitet, gilt es, sie zum festen Bestandteil unseres Handelns und Denkens werden zu lassen. Das gelingt, wenn wir sie in unser Berufs- und Privatleben integrieren, sie zur Gewohnheit werden lassen. Hierbei helfen einige Techniken.

In diesem Kapitel erfahren Sie u. a.

- wie Sie Achtsamkeitsübungen zur lieben Gewohnheit machen,
- wie es gelingt, auch im Beruf Achtsamkeit zu leben.

## Wie Sie Achtsamkeit in Ihren Alltag integrieren

Es klingt einfach, präsent zu sein. Auch die Achtsamkeitstechniken selbst sind leicht zu erlernen und durchzuführen. Achtsamkeit lässt sich jedoch nur mit ständiger Übung kultivieren. Das Ziel ist, Achtsamkeit in jeden Augenblick Ihres »normalen Leben« zu integrieren; die Dinge, die Sie ohnehin tun, achtsam zu tun und präsent zu sein. Achtsames Abwaschen oder achtsames Zuhören fallen dabei z.B. in die täglichen Aktivitäten, gezielte Mitgefühlsmeditationen oder Yoga in die sog. formelle Praxis. All dies erfordert Verhaltensveränderungen und den Aufbau einer neuen Routine.

Regelmäßige Mediationspraxis ist sehr unterstützend, um Achtsamkeit zu kultivieren. Fangen Sie dabei bescheiden an. Meditieren Sie z.B. am Morgen 5 Minuten. Zu hohe Ambitionen können zu Resignation führen. Lassen Sie sich nicht entmutigen, wenn Sie es mal nicht geschafft haben, zu meditieren. Dies wird nicht gleich die Etablierung einer neuen Routine zerstören – wichtig ist es, dranzubleiben und nicht aufzugeben.

Nachfolgend finden Sie Tipps, um neue Routinen aufzubauen, Verhalten zu verändern und sich selbst zu coachen, um Ihre Vorsätze einzuhalten – sowohl für die formelle als auch die alltägliche Achsamkeitspraxis. Experimentieren Sie und entscheiden Sie dann selbst, welche davon für Sie am besten geeignet sind.

- **Nur bis zu drei neue Vorsätze**: Nehmen Sie sich immer nur maximal drei Übungen vor, an denen Sie arbeiten möchten. Behalten Sie diese mindestens 66 Tage, also gut zwei Monate, im Fokus. So lange dauert es in etwa, bis man sich eine neue gesunde Routine angewöhnt hat.
- **Finden Sie Verbündete**: Sie werden überrascht sein, wie viele Menschen in Ihrer Umgebung sich mit Achtsamkeit, Meditation oder Yoga beschäftigen. Schon einem anderen das eigene Vorhaben zu schildern, unterstützt die Umsetzung. Am besten ist es jedoch, wenn Sie dabei einen Freund bzw. Partner oder eine Gruppe finden, die Ihren Vorsatz teilen und mit denen Sie etwa regelmäßig meditieren, sich über Ihre Erfahrungen austauschen und sich gegenseitig motivieren können. Es ist einfacher, wenn wir uns mit Menschen umgeben, denen ein achtsamer Umgang ebenfalls wichtig ist.
- **Erinnerungen:** Neben Routinen können auch Erinnerungen helfen, z.B. eine Erinnerung in Ihrem Kalender, täglich einen Wecker für Ihre Meditation stellen, eine Haftnotiz an Ihren Laptop oder einen Zettel an die Wand in Ihrem Büro hängen. Wenn Sie damit andere nicht stören, können Sie sich auch über eine Meditations-App regelmäßig durch einen Gong daran erinnern lassen, innezuhalten, im gegenwärtigen Moment präsent zu sein und das Leben aktiv zu genießen.

**BEISPIEL**

Im Kloster von Thich Nhat Hanh in Südfrankreich ertönt alle 15 Minuten ein Gong, damit jeder einen Moment seine Handlung unterbricht und innehält. Jeder atmet einmal tief ein und wieder aus und wird sich des

Moments und seiner selbst bewusst, bevor er seine vorherige Tätigkeit wieder aufnimmt.

- **Tagebuch führen:** Schreiben Sie regelmäßig in ein Tagebuch. Reflektieren Sie darin, was Sie denken, was Sie fühlen und wie es Ihrem Körper geht. Das hilft, sich Veränderungen bewusst zu machen und Ihrer Achtsamkeitspraxis Gewicht zu verleihen.
- **Vorbilder finden:** Überlegen Sie, welche Person in Ihrem Umfeld bereits das gewünschte Verhalten zeigt, z. B. sehr wertschätzend mit Kollegen umgeht. Was genau macht sie dafür, welche Aktivitäten sind sichtbar? Denken Sie darüber nach, welche konkreten Verhaltensweisen Sie sich abschauen könnten.
- **»Fuß in der Tür«-Technik:** Identifizieren Sie Situationen, in denen Sie bereits Ansätze des gewünschten Verhaltens zeigen, z. B dass Sie sonntags keine Schwierigkeiten haben Yoga zu machen. Was genau sind dort die Bedingungen, was ist an diesen Tagen anders als an anderen? Auf welche Weise können Sie mehr von diesen Bedingungen herstellen?
- **Achtsamkeits-Apps helfen:** Heutzutage gibt es viele kleine Programme für das Smartphone, wie z. B. »whil« (www.whil.com), »Die Achtsamkeit App«, »7Mind« oder »Headspace«, die viele der in diesem Kapitel genannten Vorschläge integrieren: Sie erinnern, belohnen, schaffen eine Community und schlagen gezielt einzelne Übungen vor. Einfachere Apps wie »Zenso« können einen Gong ersetzen.

Rahmenbedingungen für die sog. formelle Achtsamkeitspraxis – also Übungen, denen man gezielt Zeit widmet, z. B. Meditation, bewusste Atemübungen, Yoga:

- **Ruhiger Ort**: Richten Sie sich nach Möglichkeit einen festen Platz an einem ruhigen Ort ein, den Sie für Ihre formelle Praxis nutzen können. Wenn Sie können, suchen Sie sich dafür bevorzugt einen Raum, den Sie sonst kaum nutzen, damit die Umgebung keine Hinweisreize enthält, die Sie an Ihre täglichen To-dos erinnern.
- **Fester Zeitpunkt**: Um etwas Teil unserer täglichen Routine werden zu lassen, hilft es, dafür einen immer gleichen Zeitpunkt zu wählen, etwa morgens direkt nach dem Aufstehen, wenn Ihre Umgebung noch ruhig ist.
- **Teilnahme an Retreats oder Gruppen**: Besuchen Sie einen Meditations- oder Qigong- oder Yoga-Lehrer oder eine existierende Gruppe in Ihrem Ort. Nehmen Sie teil an sog. Retreats, also Rückzugswochen, die häufig im Schweigen stattfindet und in denen Meditationstechniken vermittelt werden (eine Empfehlungsliste finden Sie unter www.mindfulinberlin.de).

## Mehr Achtsamkeit im Unternehmen

In Ihrem beruflichen Umfeld können Sie die Aufmerksamkeit auf Achtsamkeit lenken, indem Sie vor allem selbst achtsam sind. Sie können auch von Ihren Erfahrungen erzählen und Kollegen ein paar Übungen erläutern. Zudem können Sie – abhängig von Ihrem Draht zum Management – die folgenden Vorschläge umsetzen, um eine achtsame Kultur zu schaffen oder Achtsamkeit in der DNA der Organisation zu verankern.

- **Raum der Stille:** Viele Organisationen stellen einen »Raum der Stille« zum Meditieren zur Verfügung.
- **Achtsamkeitstrainings:** Immer mehr Unternehmen bieten Achtsamkeitstrainings an, z. B. im Rahmen der Gesundheitsförderung sowie von Führungstrainings. Sie können Vertreter dieser Organisationen einladen (z. B. Google, SAP) oder auch Veranstalter von MBSR-Kursen, um sich über die Erfahrungen auszutauschen.
- **Minute der Achtsamkeit in Besprechungen:** Beginnen Sie Besprechungen mit einer Minute der Achtsamkeit, in der alle Teilnehmenden zweimal tief ein- und ausatmen und sich der Intention der Besprechung bewusst werden.
- **Neugierde wecken:** Machen Sie Ihre Chefs neugierig auf das Thema Achtsamkeit, indem Sie ihnen aktuelle Artikel aus der Presse (ManagerMagazin, Spiegel etc.) zur Verfügung stellen. Links zu entsprechenden Veröffentlichungen finden Sie unter www.mindfulinberlin.de. Nutzen Sie das Intranet Ihres Unternehmens oder hängen Sie Poster auf, um Neugierde bei den Kollegen zu wecken.
- **Schnupperkurs oder Vortrag:** Organisieren Sie einen Schnupperkurs von ca. zwei Stunden, in dem ein Coach oder Trainer ein paar Übungen und Informationen zum Hintergrund darstellt; organisieren Sie einen Vortrag über Achtsamkeit.

# Ausblick

Achtsamkeit beginnt bei jedem selbst. Mit Achtsamkeitstechniken kultivieren wir das Innehalten und das Verweilen im gegenwärtigen Moment – also eine Art zu sein. Dies ist ein fortwährender Lernprozess für uns alle. Regelmäßige Achtsamkeitsübungen, insbesondere Meditation, führen über einen längeren Zeitraum u.a. zu einem klaren Geist, konzentrierter Tatkraft, zu innerem Frieden und Mitgefühl.

Ein klarer Geist ist offen für die Einsicht, die sich bei regelmäßig durchgeführten Achtsamkeitstechniken einstellt: dass alles vergänglich ist und miteinander in Beziehung steht, d.h. dass alle Dinge in gegenseitiger Abhängigkeit existieren. Durch diese Einsicht und das Mitgefühl beziehen wir andere Menschen stärker in unser Denken mit ein und reflektieren dadurch auch unser tägliches Handeln in größeren Zusammenhängen. Dies schließt die Konsequenzen unseres Handelns für das Wohl aller, für die Umwelt sowie die sozialen und politischen Auswirkungen mit ein. Wir denken, dass dies wesentlich zu einer friedlichen Koexistenz auf privater und beruflicher, aber auch auf globaler Ebene sowie für den Erhalt unseres Ökosystems beitragen kann.

# Literatur

Die folgenden Literaturangaben sind nur ein Auszug aus einer umfassenden Literaturliste zum Thema, die für Sie auf unserer Homepage www.mindfulinberlin.de zum Download bereitsteht. Dort finden Sie auch Empfehlungen für Meditationsorte und Lehrer.

Beck, C. J. (2000). *Zen im Alltag.* München: Goldmann.

Dalai Lama (2002). *Der Weg zum Glück. Sinn im Leben finden.* Freiburg: Herder.

Dalai Lama (2003). *The Art of Happiness at Work.* London: Hodder & Stoughton.

Frankl, V. (2006). *Man's Search for Meaning.* Boston, MA: Beacon Press.

Goldstein J. (1993). *Insight Meditation: The Practice of Freedom.* Boston, MA: Shambhala.

Hackl, M. (2013). *Hui Chun Gong: Die Verjüngungsübungen der chinesischen Kaiser.* München: Irisiana.

Hanson, R. (2009). *Buddha's Brain: The Practical Neuroscience of Happiness, Love & Wisdom.* New York, NY: Brilliance Audio.

Hartranft, C. (2003). *Yoga Sutra von Patanjali.* Boston, MA: Shambala Classics.

Kabat-Zinn, J. (1991). *Gesund durch Meditation. Das große Buch der Selbstheilung.* München: O. W. Barth.

Kabat-Zinn, J. (2013). *Full catastrophe living* (2. Aufl.). New York, NY: Delacorte Press.

Kapleau, P. (1965). *Die drei Pfeiler des Zen.* München: O.W. Barth.

Lesser, M. (2005). *Z.B.A. Zen of Business Administration: How Zen Practice Can Transform Your Work and Your Life.* Novato, CA: New World Library.

Romhardt, K. (2004). *Slow down your life*. Berlin: Steinrich.

Sogyal Rinpoche. (2004). *Das tibetische Buch vom Leben und vom Sterben.* Frankfurt a. M.: Fischer.

Suzuki, S. (2009). *Leidender Buddha – Glücklicher Buddha: Zen-Unterweisungen.* München: Random House.

Thich Nhat Hahn (1999). *Das Herz von Buddhas Lehre.* Herder: Freiburg.

Thich Nhat Hanh (2003). *Aus Angst wird Mut. Grundlagen buddhistischer Psychologie.* Berlin: Theseus.

Tolle, E. (2000). *Jetzt! Die Kraft der Gegenwart: Ein Leitfaden zum spirituellen Erwachen*. Vancouver, BC: Namaste Publishing.

Wallace, B.A. (2006). *The Attention Revolution: Unlocking the Power of the Focused Mind*. Somerville, MA: Wisdom Publications.

Williams, M.; Penman, D. (2015). *Das Achtsamkeitstraining. 20 Minuten täglich, die Ihr Leben verändern*. München: Goldman.

# Stichwortverzeichnis


Ablehnung, Haltung 17
Achtsamkeit, Definition 30
Achtsamkeitspraxis
  formelle 51
  informelle 50
Achtsamkeitsprogramm 33
Achtsamkeitstechnik, Definition 30

Bodyscan 66

Evolutionsgeschichte 15

Gehirn und Achtsamkeit 38
Gehmeditation 65
Gleichgültigkeit 110
Gleichmut 109

Haltung, unachtsame 16

Ignoranz, Haltung 20

Kommunikation, achtsame 88
Kontemplation 57

MBSR 33
Meditation, nachweisbare
  Folgen 36
Meditationsgrundhaltung 51
Mitfreude 105
Mitgefühl 98
Mitleid 98
Multitasking 6

Neuroplastizität 43

Reflexionsübung zu Haltungen 23

Selbstbeobachtung,
  Achtsamkeit 11

Verlangen, Haltung 19
Verstetigung 116

Wertschätzung 91

Yoga 72

# Impressum

**Bibliografische Information der Deutschen Nationalbibliothek**
Die Deutsche Nationalbibliothek verzeichnet diese Publikation in der Deutschen Nationalbibliografie; detaillierte bibliografische Daten sind im Internet über http://www.dnb.dnb.de abrufbar.

**Print:** ISBN: 978-3-648-12182-5 Bestell-Nr.: 10713-0002
**ePub:** ISBN: 978-3-648-12183-2 Bestell-Nr.: 10713-0101
**ePDF:** ISBN: 978-3-648-12184-9 Bestell-Nr.: 10713-0151

Dr. Svea von Hehn, Dr. Arist von Hehn
**Achtsamkeit in Beruf und Alltag**
2. Auflage 2018


Redaktionsanschrift: Fraunhoferstraße 5, 82152 Planegg/München
Internet: www.haufe.de
E-Mail: online@haufe.de
Redaktion: Jürgen Fischer
Redaktionsassistenz: Christine Rüber

Lektorat: Nicole Jähnichen, www.textundwerk.de
Satz: Reemers Publishing Services GmbH, Krefeld
Umschlaggestaltung: Simone Kienle, Stuttgart
Umschlagentwurf: RED GmbH, Krailling

# Die Autoren

## Dr. Svea von Hehn, geb. Steinweg

Die Mitgründerin und Partnerin der Return on Meaning GmbH ist promovierte Diplom-Psychologin, zertifizierter Coach, erfahrene Unternehmensberaterin (u.a. bei McKinsey) und Autorin. Sie beschäftigt sich seit über 20 Jahren mit Achtsamkeit (mit Ausbildungen bei verschiedenen Lehrern) und ist praktizierende Zen-Schülerin von Migaku Sato Roshi. Sie ist zertifizierte Lehrerin des Achtsamkeitsprogramms »Search Inside Yourself« (SIY), welches von Google entwickelt wurde, und tritt als Speaker zu Achtsamkeit in Organisationen auf. Svea von Hehn arbeitet ehrenamtlich im erweiterten Vorstand des Domicilium Weyarn, eines Zen-Zentrums mit Hospiz. Sie lebt mit ihrer Familie in Berlin.

## Dr. Arist von Hehn

beschäftigt sich seit Jahren mit der Frage, wie sich das Thema Achtsamkeit praktisch in den Berufsalltag von Managern und Führungskräften, aber auch in Schulen integrieren lässt. Er meditiert regelmäßig, um seine eigene Achtsamkeit zu schulen, und hat Unterricht bei verschiedenen Achtsamkeitslehrern genossen. Arist von Hehn ist zertifizierter Lehrer des Achtsamkeitsprogramms »Search Inside Yourself« (SIY). Er ist Rechtsanwalt und Unternehmensberater bei der Return On Meaning GmbH. Zuvor war er Vice President bei dem globalen Bildungsnetzwerk Teach For All und Mitgründer und Geschäftsführer der Bildungsorganisation Teach First Deutschland gGmbH. Seine Karriere begann Arist von Hehn als Unternehmensberater bei McKinsey & Company. Er ist ausgebildeter Coach und Mediator.

# Danksagung

Herzlich bedanken möchten wir uns bei Barbara Riedenbauer, Maria Börgermann-Kreckl, Hermann Engel, Enver Schrömbgens Junior, Gudrun und Ulrich Grigoleit, Katja Düppe, Claudia Braun, Stephanie Schweyer, Gesa Gräfer und Renate M. von Hehn für das Lesen des Manuskripts und ihre wertvollen Impulse. Ohne euch wäre das Buch nicht, wie es ist.

Ein großer Dank geht an unsere Lehrer, von denen wir in den letzten 20 Jahren persönlich lernen durften und die uns die Kunst der Achtsamkeit in ihren vielen Facetten auf ihre Weise nahebrachten: Thich Nhat Hanh, Prof. Migaku Sato Roshi, Dr. Dr. Bogdan Snela, Yamada Roshi, Willigis Jäger, Jack Kornfield, Marc Lesser, Mark Coleman, Richard Freeman, Grischa Steffin, Michael Hamilton und viele andere. Unser Dank gilt auch den Lehrern, aus deren Büchern wir lernen durften und die uns geprägt haben, besonders Shunryu Suzuki, dem Dalai Lama und Eckhart Tolle.

Wir danken den Teilnehmern in unseren Trainings und unseren Coachees, die uns ermuntert haben, dieses Büchlein zu schreiben.

Viel Spaß hatten wir mit unseren »Testpersonen« des Hehn'schen Familientags, insbesondere mit Julian und Carina Wasilewski. Vielen Dank an euch!

Am meisten gelehrt achtsam zu sein, haben uns unsere liebevollen Familien, inspirierenden Freunde und wunderbaren Kollegen. Danke.